AF258745

RÉVOCATION DES ACTES

FAITS PAR LE DÉBITEUR

EN FRAUDE DES DROITS DU CRÉANCIER

DE LA

RÉVOCATION DES ACTES

FAITS PAR LE DÉBITEUR

EN FRAUDE DES DROITS DU CRÉANCIER

OU

EXPLICATION DES ARTICLES

622, 788, 1053, 1167, 1447, 1464, 2225 du Code civil
et 446 à 449 du Code de commerce

PAR CHARLES CAPMAS

PROFESSEUR SUPPLÉANT A LA FACULTÉ DE DROIT DE TOULOUSE

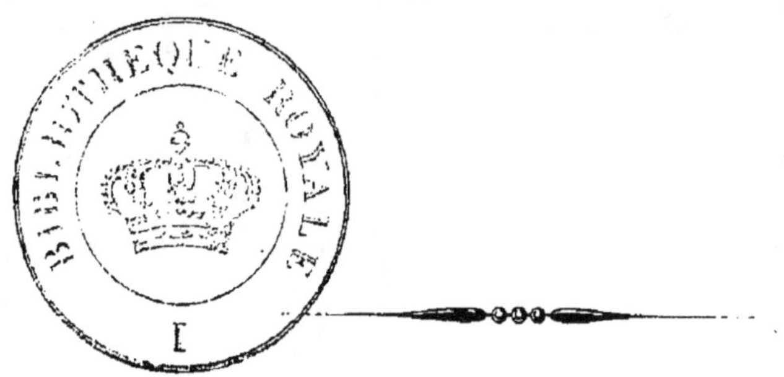

PARIS

DE L'IMPRIMERIE DE CRAPELET

RUE DE VAUGIRARD, Nº 9

—

DÉCEMBRE 1846

Le sujet[1] de cette dissertation, est celui que le sort m'a désigné, pour être la matière de mes deux leçons publiques de droit français, dans le concours maintenant ouvert devant la Faculté de droit de Paris. L'importance de ce sujet, le peu d'accord que présentent les solutions données par les auteurs, sur les nombreuses questions qu'il soulève, m'ont déterminé à rassembler et à rédiger mes notes.

Je ne me suis fait aucun scrupule d'ajouter aux souvenirs toujours incertains d'une improvisation fugitive, et de compléter, par de nouveaux développements, des idées qu'un

---

[1] Ce sujet est communiqué à chaque candidat un jour franc avant le jour de la séance publique dans laquelle doit se faire la première leçon ; la seconde se fait le lendemain.

temps trop court n'a pu me permettre de présenter avec toute l'étendue qu'elles méritent.

Il serait assurément superflu de réclamer l'indulgence du lecteur pour un travail de ce genre. On me pardonnera, sans que je le demande, les fautes, qu'une rédaction et une impression, nécessairement précipitées, m'auront laissé échapper.

EXPOSITION DU SUJET.

Les droits qui, dans tout état social, forment le patrimoine de chaque personne, sont de deux sortes. — Les uns sont tels, que celui qui a le droit peut immédiatement, sans le fait d'une personne étrangère, se mettre en communication avec l'objet de ce droit. Sans doute il peut être troublé dans sa jouissance, on peut lui contester la prérogative légale qu'il prétend avoir; mais si le fait d'autrui peut ainsi mettre d'injustes entraves au libre et légitime exercice de son droit (entraves temporaires d'ailleurs, que lèvera bientôt l'action de la justice), ce fait du moins ne lui est pas nécessaire pour qu'il puisse jouir, dans toute son étendue, de la faculté que la loi lui accorde. Tels sont les droits de propriété, d'usufruit, de servitude; tels sont, en général, les droits réels. — Les autres droits, les droits personnels, c'est-à-dire les droits de créance, ne présentent pas le même caractère. Celui qui a le droit, le créancier, ne communique pas directement avec l'objet de ce droit, l'intermédiaire d'une troisième personne, du débiteur, lui est nécessaire, pour qu'il puisse recueillir tous les avantages, qui doivent être la conséquence de la faculté que la loi lui reconnaît.

On comprend que les droits de la seconde espèce seraient souvent purement illusoires, si la loi ne fournissait au créancier des moyens sûrs et énergiques, pour contraindre le débiteur, négligent ou de mauvaise foi, à exécuter ses obligations.

De semblables moyens se trouvent donc nécessairement dans toutes les législations. Simples et rigoureux dans les législations primitives, frappant la personne autant que les biens du débiteur, ils sont au contraire nombreux et compliqués, mais aussi bien plus doux dans les législations qui appartiennent à une civilisation plus avancée. Le législateur montre, alors, plus de respect pour la personne, pour la liberté du débiteur, mais aussi permet d'atteindre plus sûrement ses biens!

Ces moyens, à l'égard des biens du débiteur, consistent (indépendamment des droits particuliers que certains créanciers peuvent obtenir, tels que droits de nantissement, d'hypothèque, de privilége, etc.), dans deux droits accordés par le législateur à tout créancier, savoir :

1° La faculté d'exercer, en suivant les formes déterminées par la loi, tous les droits du débiteur, à l'exception de ceux qui sont exclusivement attachés à sa personne [1]; droit qui n'est que la conséquence du principe, que tous les biens du débiteur sont le gage du créancier [2];

[1] Voy. art. 1166, C. civil.
[2] Voy. art. 2092, 2093, *id.*

2° Le droit d'attaquer les actes faits par le débiteur en fraude du créancier, droit qui n'est lui-même que le complément et en quelque sorte la garantie du précédent.

C'est de l'exercice de cette dernière faculté, et des conditions auxquelles la loi le soumet, que je me propose de traiter ici.

Ces conditions ne sont pas, en effet, toujours les mêmes. Le législateur peut évidemment, et doit, on le comprend, se montrer plus facile ou plus rigoureux, dans l'attribution de ce pouvoir, conféré au créancier pour attaquer les actes du débiteur qui lui sont préjudiciables, suivant la nature de ces actes, et le plus ou moins de faveur que méritent, ou le créancier lui-même, ou la personne contre laquelle ce dernier veut diriger son action. — Si la loi, par exemple, exige, en principe, que le créancier, pour intenter avec succès l'action révocatoire, prouve à la fois, et que l'acte lui est dommageable, et qu'il est le résultat d'un concert frauduleux, elle pourra ensuite, par des exceptions en sens opposé, tantôt rendre la preuve plus facile, au moyen d'une présomption légale, tantôt, au contraire, à raison de la faveur due à certaines conventions et du péril qu'il y aurait à permettre de les attaquer trop facilement, refuser au créancier l'action et l'autoriser seulement à intervenir dans l'acte, pour empêcher la fraude de se produire. Les articles 446 à 449 du Code de commerce, et les articles 865 et 882 du Code civil nous présentent des exemples remarquables de pareilles exceptions[1].

Cette théorie se trouve réglée dans notre droit, principalement, par quelques articles disséminés, dans le Code civil. — Malheureusement ces dispositions sont incomplètes et obscures, souvent même elles semblent se contredire; elles ne présentent pas, en un mot, l'unité, l'harmonie qu'on aime à trouver dans l'œuvre du législateur.

Cependant il est du plus grand intérêt de rechercher et de saisir quelle est, sur une matière d'une application si fréquente et dont les principes rayonnent sur toutes les parties du droit, de rechercher, dis-je, quelle est la pensée du législateur. Cette recherche est d'autant plus importante que les auteurs qui ont écrit sur le Code civil sont ici bien loin, on le sait, d'être d'accord. Les systèmes les plus opposés, les plus divers, se sont fait jour et sont soutenus encore par d'excellents esprits, par des jurisconsultes éminents que nous sommes habitués à prendre pour guides.

Les dispositions du Code, que je me propose d'expliquer, sont : d'abord l'article 1167, qui pose le principe général, et donne à tout créancier le pouvoir d'attaquer les actes faits par le débiteur en fraude de ses droits ; — puis les articles 622, 788, 2225 et 1053, qui autorisent le créancier à faire an-

---

[1] Dans le cas prévu par l'article 1447, le droit d'intervention ne fait pas obstacle à l'action révocatoire.

nuler, en tant qu'elles lui sont préjudiciables, la renonciation du débiteur à un usufruit, à une succession, au bénéfice d'une prescription accomplie et la
restitution anticipée que ferait, au profit des appelés, le débiteur, grevé d'une substitution, des objets
compris dans cette substitution ; — enfin les articles 1447 et 1464, qui donnent au créancier, dans
deux cas spéciaux, la faculté que lui accorde déjà,
d'une manière générale, l'article 1167 [1].

Ces articles, on le voit, ne semblent pas conçus
dans un même système. — Les uns paraissent exiger,
pour l'exercice de l'action révocatoire, la réunion
d'un préjudice matériel et de l'intention de causer ce
préjudice [2]. — Les autres ne paraissent exiger du
créancier d'autre preuve que celle d'un dommage
réel [3]. — Deux surtout, l'article 788 et l'article 1464,
offrent une contradiction de principes qu'il paraît
bien difficile d'expliquer et de justifier. Pour deux
cas, d'une analogie frappante, la renonciation à une
succession avantageuse, par un héritier obéré, et la
renonciation à la communauté, par la femme grevée
de dettes, l'un de ces articles exige expressément la
fraude, c'est-à-dire la réunion du préjudice et de l'intention, tandis que l'autre paraît se contenter de la
preuve du préjudice matériel. — Faut-il reconnaître

----

[1] J'y joindrai l'analyse des articles 446 à 449 du Code de
commerce.

[2] Voy. art. 1167, 1447 et 1464.

[3] Voy. art. 622, 788, 1053 et 2225.

et subir, comme étant l'expression réelle de la pensée du législateur, cette contradiction? Faut-il, au contraire, rattacher tous ces articles à un même système, sauf à justifier des différences de rédaction qui n'impliqueraient pas, d'une manière nécessaire, différence dans les idées? Telle est la question qu'il faut résoudre et qui déjà a reçu les solutions les plus diverses.

Les uns, plaçant toutes les dispositions du Code sous le niveau inflexible de l'article 1167, qu'ils considèrent comme contenant un principe général, auquel le législateur n'a pas entendu déroger dans les articles 622, 788, 1053 et 2225, veulent, dans tous les cas, que le créancier, pour intenter avec succès l'action révocatoire, prouve, à la fois, et le fait matériel du préjudice et le fait intentionnel du dol. Ils expliquent, ils traduisent, par le mot *fraude*, les expressions *préjudice*, *préjudicier* dont se sert le législateur dans les articles 622, 788, 1053, ils suppléent le mot de *fraude* dans l'article 2225.

Les autres, dans un camp tout à fait opposé, exagérant une distinction admise par le droit romain entre les aliénations à titre gratuit et les aliénations à titre onéreux, étendant, outre mesure, le principe introduit dans les articles 622, 788, 1053 et 2225, soutiennent, que tous actes à titre gratuit du débiteur, peuvent être attaqués par le créancier, par cela seul qu'ils lui sont préjudiciables, sans qu'il soit obligé d'établir la fraude, même à l'égard du débiteur. Ils traduisent le mot *fraude* de l'article 1464 par *préjudice*, de la même manière que les premiers traduisent *préjudice* par *fraude*.

Entre ces deux systèmes s'en élèvent encore deux autres :

L'un, conforme sur presque tous les points au premier, en diffère sur l'interprétation de l'article 2225 qu'il reconnaît être en dehors de l'application de l'article 1167 et qu'il explique par des considérations particulières.

L'autre, se rapprochant bien davantage du second, admet les créanciers à exercer l'action révocatoire sur la seule preuve du préjudice matériel, mais seulement dans les cas de renonciations et non, d'une manière générale, pour tous les actes à titre gratuit.

A chacun de ces systèmes, et c'est là ce qui leur donne un véritable intérêt, et aussi à l'opinion qu'on se forme sur la nature de l'action révocatoire, que les uns considèrent comme personnelle, et à laquelle d'autres, dans certains cas et à certains égards, attribuent le caractère d'action réelle, se rattache la solution d'un grand nombre de questions particulières, solution qui varie avec chaque système.

Pour découvrir la théorie cachée dans ces dispositions incomplètes et parfois incohérentes du Code civil, si diversement interprétées, il est indispensable de remonter à leur source première, qui est le droit romain, d'étudier ensuite et d'apprécier les modifications successives que les principes de la législation romaine ont subies en passant dans notre ancienne jurisprudence et dans notre droit actuel. Ce sera l'objet de la première partie de ce travail. C'est pour n'avoir pas fait cette recherche, d'une manière assez complète, que les auteurs m'ont paru s'être souvent égarés sur cette matière ; je tâcherai d'éviter cet écueil.

Dans une seconde partie j'étudierai, avec détail, les difficultés particulières de la matière ; j'examinerai successivement :

1° Ce que c'est que la fraude, comment elle se prouve et à qui incombe la preuve ;

2° Quelle est, dans notre droit actuel, la nature de l'action paulienne ;

3° Quels sont les actes auxquels s'applique cette action ;

4° Quels sont les créanciers qui peuvent l'intenter ;

5° Contre quelles personnes elle peut être exercée ;

6° Quel est le délai de cette action et quel est le point de départ de ce délai ;

7° Quels sont les effets et les conséquences de la révocation obtenue.

———

PREMIÈRE PARTIE.

INTRODUCTION HISTORIQUE ET THÉORIE GÉNÉRALE.

———

§ 1ᵉʳ. — DROIT ROMAIN.

L'ancien droit romain ne donnait, aux créanciers, aucun moyen, pour attaquer les actes faits, par leur débiteur, en fraude de leurs droits. Il parut préférable, aux fondateurs de la cité romaine, d'attribuer au créancier un grand pouvoir, sur la personne du débiteur, que de lui permettre d'attaquer, comme entachés de dol, des actes conformes aux principes rigoureux du droit civil, qui s'attachait, on le sait, pour déterminer la validité des faits juridiques, à la forme extérieure bien plus qu'à l'intention, qui demandait *si on avait voulu*, et non *comment on avait voulu*.

C'est là, du reste, comme nous l'avons observé en commençant, le caractère que présentent et que doivent présenter toutes les législations primitives.

La loi *Ælia Sentia*[1], dans quelques cas particuliers, permit, la première, aux créanciers, d'attaquer certains actes, faits par le débiteur en fraude de leurs

———

[1] Portée vers l'an de Rome 757.

droits. Plus tard, le préteur introduisit, dans son édit, le principe d'une manière générale. Il promit de donner une action contre tout acte fait en fraude des créanciers: QUÆ FRAUDATIONIS CAUSA GESTA ERUNT DE HIS ACTIONEM DABO[1].

Il appartenait à ce pouvoir législatif, inconnu dans nos sociétés modernes, et qui donne un caractère si original au droit romain, il appartenait au préteur, qui dans la grande cité romaine était le représentant vivant du progrès, de l'équité, de l'adoucissement des mœurs, de faire, le premier, pénétrer dans le droit un principe qui proclamait et fortifiait par une sanction nouvelle la foi due aux engagements, et qui permettait de remettre un peu de la rigueur que la loi civile montrait contre la personne du débiteur !

Les dispositions de l'édit, et surtout les déductions pleines de sagesse et de logique que sut en tirer l'esprit pénétrant des célèbres jurisconsultes du beau siècle de la jurisprudence romaine, servent encore aujourd'hui à résoudre plusieurs des questions que présente cette importante matière. Toutefois nous verrons qu'il faut se servir avec prudence de cette source précieuse d'interprétation, car sur beaucoup de points notre législateur s'est éloigné des errements du droit romain.

---

[1] Voy. fr. 1, pr., D., *Quæ in fraud. cred. fac.*

L'édit promettait aux créanciers, pour attaquer les actes faits par le débiteur, en fraude de leurs droits, une action, mais sans déterminer quelle en serait la nature, si elle serait toujours personnelle, si elle pourrait quelquefois être réelle, QUÆ FRAUDATIONIS CAUSA GESTA ERUNT DE HIS ACTIONEM DABO. C'est qu'en effet il résultait du but même pour lequel cette action était donnée, c'est-à-dire la réparation d'un dommage injustement éprouvé, qu'elle devait, en principe du moins, être personnelle. C'est aussi le caractère, et le caractère unique, qu'elle a dans les nombreux fragments du Digeste consacrés à cette matière. Elle y est toujours présentée comme une action *in personam* et s'y trouve désignée sous le nom d'*action paulienne*, qu'on lui a conservé dans la doctrine [1].

Dans les Institutes, on trouve une action du même nom, donnée également au créancier, pour attaquer les actes frauduleux du débiteur; mais au lieu d'être, comme dans les fragments du Digeste, présentée comme une action *in personam*, dans les Institutes elle a tous les caractères d'une action réelle, et se trouve rangée expressément parmi les actions *in rem*.

[1] Il faut observer du reste que c'était, comme presque toutes les actions prétoriennes, une action *in factum*. On sait que la division générale des actions, en actions *in rem* et en actions *in personam*, ne s'appliquait pas d'une manière parfaitement exacte aux actions de ce genre.

On peut conjecturer avec assez de vraisemblance que cette action n'était dans le principe qu'une action personnelle, ayant pour cause le dommage éprouvé par le créancier, et pour but la réparation de ce dommage, et qu'elle ne pouvait être dirigée, en général, que contre les complices du débiteur et leurs héritiers. Plus tard, et sans doute seulement vers le iiie siècle, elle fut donnée, dans certains cas d'aliénations frauduleuses, comme action réelle.

Les principes, qui réglaient cette action, se résument dans les propositions suivantes :

1° L'action paulienne n'est donnée, par le droit romain, contre ceux qui ont traité avec le débiteur, qu'autant qu'ils ont participé à la fraude : — elle est donnée cependant contre ceux qui ont traité à titre gratuit, alors même qu'ils auraient été de bonne foi ; — mais dans ce cas seulement, jusqu'à concurrence de ce dont ils se sont enrichis. — Elle était donnée contre le débiteur lui-même, mais uniquement *ob pœnam*[1]; *ut ob debitum non solutum carceri includatur*[2].

2° Cette action n'était, en général, donnée qu'au cas de fraude, c'est-à-dire qu'autant qu'au fait matériel du préjudice venait se joindre le fait intentionnel, la volonté de causer ce préjudice, *eventus*

---

[1] Voy. fr. ult., § ult. D., *Quæ in fraud.*
[2] Voy. Voet., *Comm. ad Pand. ad tit. : Quæ in fraud. cred.*

et consilium [1]. — Dans quelques cas, peu nombreux, le simple préjudice suffisait [2].

3º Elle n'était donnée qu'aux créanciers au préjudice desquels l'acte avait été fait ; mais elle était donnée aussi bien aux créanciers ayant hypothèque qu'aux simples créanciers chirographaires ; elle était aussi donnée à leurs héritiers. — Elle n'était point donnée aux héritiers du débiteur.

4º Elle était accordée contre tous actes faits par le débiteur au préjudice de ses créanciers. — Mais l'omission par le débiteur de faire une acquisition avantageuse, ne donnait jamais lieu à l'action paulienne, sans doute parce que cette omission n'était pas considérée comme un préjudice réel pour les créanciers ; il fallait qu'il y eût *diminutio patrimonii debitoris*. Les jurisconsultes romains donnèrent même le plus d'extension qu'ils purent à cette exception.

§ 2. — ANCIEN DROIT FRANÇAIS.

Ces principes du droit romain passèrent dans notre ancienne jurisprudence, mais non sans quelques modifications.

___

[1] Il est à remarquer cependant que dans l'ancienne langue latine *fraus, fraudare* s'entendait du simple préjudice matériel, ce n'est que plus tard que cette expression désigna le préjudice causé par dol. Chez nous, fraude s'entend toujours dans ce dernier sens. Voy. *infra,* p. 41.

[2] Voy. not. *Const. ult.* c. ɟ. *Qui manumittere non possunt.*

La plus importante fut une conséquence logique de l'introduction de la maxime coutumière, LE MORT SAISIT LE VIF. Dès lors qu'on admettait que les héritiers se trouvaient investis, du moment du décès, et sans avoir besoin de faire addition, de la propriété des biens compris dans l'hérédité, il était naturel de permettre au créancier d'attaquer la répudiation frauduleuse que le débiteur aurait faite, à leur préjudice, d'une succession avantageuse ; car, par suite de l'adoption du nouveau principe, il y avait véritablement, dans ce cas, *aliquid e patrimonio debitoris erogatum.*

C'est ce que remarque fort judicieusement Boutaric : « Par le droit romain, dit-il, celui à qui un « legs est fait, ou à qui une succession est déférée, « peut refuser d'accepter ce legs ou cette succession, « sans que les créanciers puissent se plaindre, l'action « paulienne, qui révoque les actions faites en fraude, « ne regardant point ceux qui refusent une occasion « d'acquérir, mais ceux-là seulement qui diminuent « léur patrimoine, *pertinet edictum ad diminuentes* « *patrimonium suum, non ad eos qui agent ne* « *locupletentur;* mais il en est autrement parmi « nous; *ce qui a été sans doute établi comme une* « *suite de cette maxime générale du royaume, par* « *laquelle* LE MORT SAISIT LE VIF* [1]. »

[1] Inst. conf. avec le dr. fr., p. 535. V. également DE SERRES, *Intitulés du dr. fr.*, p. 562.

On ne s'arrêta pas là ; on ne se contenta pas d'appliquer à la renonciation d'une hérédité les principes ordinaires de l'action paulienne. On alla plus loin, et peu à peu prévalut, dans notre ancienne jurisprudence, une règle, éminemment favorable aux créanciers, qui leur permettait, sans être obligés de prouver le dol du débiteur, d'accepter, en leur nom et à leurs risques et périls, les legs, successions ou autres droits, auxquels le débiteur aurait renoncé à leur préjudice. De semblables renonciations étaient présumées frauduleuses, par cela seul qu'elles étaient préjudiciables. On appliqua aussi le même principe aux restitutions anticipées faites par le grevé des biens compris dans une substition fidéicommissaire.

Cette règle nouvelle fut adoptée par la plupart de nos anciens auteurs. Elle est reconnue par Domat[1], Boutaric[2], de Serres[3], etc.; elle fut enfin proclamée par l'article 42 de la célèbre ordonnance, sur les Substitutions, de 1747.

« La restitution du fidéicommis, porte cette or-
« donnance, faite avant le temps de son échéance par
« quelque acte que ce soit, ne pourra empêcher que
« les créanciers du grevé de substitution, qui seront
« antérieurs à ladite remise, ne puissent exercer sur
« les biens substitués les mêmes droits et actions que
« s'il n'y avait point eu de restitution anticipée. »

[1] *Lois civiles*, liv. II, tit. x.
[2] Ouv. cit., p. 535.
[3] Ouv. cit., p. 562.

Et Furgole, le judicieux commentateur de cette ordonnance, fait bien observer, sur cet article, la différence qui existait, sur ce point, entre le droit romain et notre ancien droit.

« Notre article, dit-il[1], pourvoit à l'intérêt des
« créanciers bien plus amplement que ne faisait le
« droit romain. Lorsqu'un débiteur faisait quelque
« chose au préjudice des créanciers, le droit romain,
« dans le titre *Quæ in fraudem creditorum*, don-
« nait aux créanciers le droit de se plaindre, et de
« demander la révocation de ce qui avait été fait à
« leur préjudice; mais notre article va plus loin; il
« veut que, même sans attaquer la restitution anti-
« cipée, qui doit être considérée comme non avenue,
« les créanciers du grevé puissent exercer les mêmes
« droits et actions que s'il n'y avait point eu de
« restitution anticipée. »

Toutefois, ce nouveau principe n'avait pas été admis sans résistance. Ricard[2], avant l'ordonnance, soutenait fortement que les créanciers devaient établir la fraude. D'autres[3] allaient jusqu'à prétendre, que les créanciers, même en cas de fraude, ne pouvaient critiquer la restitution anticipée du fidéicommis faite par le débiteur : ils appliquaient sans modification le droit romain. Enfin, même après l'or-

---

[1] Comment. de l'ordonn. sur les Subst., p. 224.
[2] *Des Substitutions*, ch. x, part. II.
[3] Voy. Sallé, *Esprit des Ordonnances,* p. 308.

donnance, Pothier, fidèle aux traditions du droit romain, enseignait, que la renonciation, soit à une succession par l'héritier [1], soit à la communauté [2] par la femme, devait être frauduleuse, pour que les créanciers pussent l'attaquer. Cet auteur [3] semble même ne pas faire d'exception pour le cas prévu et réglé par l'ordonnance de 1747.

§ 3. — CODE CIVIL.

Parmi ces systèmes divers, quel est celui que vont choisir les rédacteurs du Code civil ?

ART. 1er — PROJET DE LA COMMISSION DE L'AN VIII.

Le projet du Code civil de l'an VIII, présenté par la commission du gouvernement, composée de Tronchet, Bigot-Préameneu, Portalis et Malleville, renfermait six dispositions correspondant aux articles 622, 788, 1167, 1447, 1464 et 2225 du Code civil. Elles étaient ainsi conçues :

ART. **43**, livre II, titre III, section III du projet [4] (622, C. civ.). « Si la renonciation (de l'usufrui- « tier) est faite EN FRAUDE des créanciers de l'u- « sufruitier, ils peuvent la faire annuler. »

---

[1] *Traité des Successions*, ch. III, sect. III, art. 1er, § 3.
[2] *Traité de la Communauté*, ch. II, art. 1er, § 1er, n° 533.
[3] *Traité des Substitutions*, sect. VI, art. 1er, § 2.
[4] Voy. FENET, t. II, p. 113.

Art. 93, livre III, titre 1er, chap. vi, sect. ii [1]
(788, C. civ.). « Les créanciers de celui qui
« renonce EN FRAUDE, *et au préjudice* de leurs
« droits, peuvent attaquer la renonciation, et
« se faire autoriser en justice à accepter la
« succession du chef de leur débiteur, et en son
« lieu et place.

« Dans ce cas, la renonciation n'est annulée qu'en
« faveur des créanciers, et jusqu'à concurrence
« seulement du montant de leurs créances; elle
« ne l'est pas au profit de l'héritier qui a re-
« noncé. »

Art. 62, livre III, tit. ii, chap. ii, sect. v [2] (1167,
C. civ.). « Ils ne peuvent attaquer, POUR PRÉTEXTE
« DE FRAUDE A LEURS DROITS, les actes faits par
« leur débiteur, que dans les deux cas suivants :
« 1° Lorsqu'il s'agit d'actes réprouvés par la loi
« concernant les faillites ;
« 2° Lorsqu'il s'agit d'une *renonciation* faite par
« le débiteur A UN TITRE LUCRATIF, tel qu'UNE
« SUCCESSION OU UNE DONATION, à la charge par
« les créanciers de se faire subroger aux droits
« de leur débiteur, et de prendre sur eux tous
« les risques et toutes les charges du titre qu'ils
« acceptent de son chef. »

[1] Voy. FENET, t. II, p. 140.
[2] Voy. FENET, t. II, p. 168.

Art. **65**, liv. III, tit. x, chap. ii, sect. iv [1] (1447, C. civ.). « Les créanciers du mari peuvent inter- « venir dans l'instance sur la demande en « séparation, et la contester si elle est pro- « voquée EN FRAUDE de leurs droits. »

Art. **82**, liv. III, tit. x, chap. ii, sect. v [2] (1464, C. civ.). « Les créanciers de la femme pourront « attaquer la renonciation qui a été faite par « elle ou par ses héritiers EN FRAUDE de leurs « créances, et accepter de leur chef la commu- « nauté. »

Art. **7**, liv. III, tit. xx [3] (2225, C. civ.). « Les « créanciers *postérieurs*, ou toute autre per- « sonne ayant intérêt à ce que la prescription « soit acquise, peuvent l'opposer, encore que « le débiteur ou le propriétaire y renonce. »

Ces dispositions sont loin assurément de présenter un système complet et satisfaisant sur la matière qui nous occupe. Cinq d'entre elles, celles qui corres- pondent aux articles 622, 788, 1447, 1464 et 2225 du Code civil, rapprochées de ces articles, donnent lieu aux observations suivantes :

---

[1] Voy. FENET, t. II, p. 315.
[2] Voy. FENET, t. II, p. 318.
[3] Voy. FENET, t. II, p. 405.

(622) 1º Les mots *en fraude* du projet sont remplacés dans l'article 622 par les mots *au préjudice*.

(788) 2º Les mots *en fraude* du projet ont été retranchés ; on n'a laissé dans l'article 788 que les expressions *au préjudice*.

(1447) 3º L'article du projet n'accorde aux créanciers que le droit d'intervenir dans l'instance sur la demande en séparation, et de la contester alors si elle est provoquée en fraude de leurs droits ; l'article 1447 les autorise à se pourvoir contre la séparation *prononcée et même exécutée* en fraude de leurs droits.

(1464) 4º Pas de différence entre l'article du projet et l'article 1464.

(2225) 5º Le mot *postérieurs* du projet a été retranché, et ne se trouve pas dans l'article 2225, qui parle des créanciers, sans distinction.

Quant à l'article 62 du titre II du livre III, remplacé depuis par l'article 1167, il est difficile de saisir quel en est le sens. — Les rédacteurs du projet entendaient-ils proscrire d'une manière générale l'action révocatoire, sauf les deux cas expressément exceptés par l'article ? On a peine à le croire, malgré l'évidence des termes, tant cette idée est peu raisonnable. — Nous verrons que le tribunal de Cassation interprétait autrement la pensée de la commission. Selon lui, les auteurs du projet auraient entendu, au contraire, admettre en principe l'action paulienne, comme le faisait le droit romain, comme le faisait Pothier, et même rendre, dans certains cas déterminés, l'exercice de cette action plus facile pour le créancier au moyen d'une présomption légale. Le sens de l'article 62 du projet, selon ce tribunal, était celui-ci : « Les créanciers peuvent toujours attaquer les actes de leur débiteur faits en fraude de leurs droits, à la condition de prouver le *consilium* et l'*eventus* ; ils sont dispensés de cette preuve, et il leur suffit de *prétexter*, sans la prouver, la fraude, dans les deux cas suivants : 1° lorsqu'il s'agit d'actes réprouvés par la loi concernant les faillites ; 2° lorsqu'il s'agit d'une renonciation faite par le débiteur à un titre lucratif, tel qu'une succession ou une donation [1], etc. »

Mais avec cette interprétation, que devenait l'article 93 du titre 1er du liv. III (788), qui exigeait, précisément dans le cas de renonciation à une succession, et d'une manière assez claire assurément, *la fraude et le préjudice?* Et, d'un autre côté, que fallait-il entendre par ces expressions générales et vagues : renonciation à un titre lucratif? Enfin, pourquoi, dans le cas de renonciation à une donation (acceptée sans doute, bien que le projet ne le dise pas), établir une présomption de fraude? N'est-on pas obligé de reconnaître que les membres de la commission n'avaient pas, sur la théorie qui nous occupe, des idées claires, et qu'ils s'étaient contentés d'insérer dans

___
[1] Voy. *infra*, p. 27 et 28.

leur projet quelques passages de nos anciens auteurs, sur cette matière, sans en pénétrer le véritable sens, sans s'assurer qu'ils appartenaient bien à un même système, et n'étaient pas en contradiction entre eux ?

Toutefois, malgré ces obscurités, on voit que ce sont surtout les idées de Pothier qui avaient ici, comme sur tant d'autres points, pénétré dans le projet. Les articles que nous avons rapportés plus haut (correspondant aux articles 788 et 1464), relatifs à la renonciation, soit à une succession, soit à la communauté, sont presque textuellement extraits de cet auteur.

ART. 2 — PROJET ET OBSERVATIONS DU TRIBUNAL DE CASSATION.

Le tribunal de Cassation accorda une attention particulière aux dispositions qui touchent notre théorie ; il proposa de changer plusieurs des articles précités du projet, et accompagna chacune de ses propositions d'observations, qui ont un grand intérêt, pour l'intelligence des dispositions du Code civil.

Pour plus de clarté, nous allons placer ici, en regard des articles du projet de la commission, les articles proposés par le tribunal de Cassation et les observations qui les accompagnent ; et d'abord les articles correspondant aux articles 622, 788, 1447, 1464, 2225 du Code civil ; nous présenterons séparément l'article 62 (1167).

Articles du projet de la commission.

Articles et observations du tribunal de Cassation.

(622) « Si la renonciation (de l'usufruitier) est faite EN FRAUDE des créanciers de l'usufruitier, ils peuvent la faire annuler. »

« Si la renonciation (de l'usufruitier) est faite AU PRÉJUDICE des créanciers, ils peuvent la faire annuler. »

La fraude suppose *consilium et eventus* ; or, ne suffit-il pas que, par l'événement, une renonciation porte préjudice aux créanciers, quoiqu'elle ne soit pas frauduleuse par l'intention du renonçant, pour qu'il y ait lieu à la faire annuler ? [1]

(788) « Les créanciers de celui qui renonce EN FRAUDE ET AU PRÉJUDICE de leurs droits, peuvent attaquer..., etc. » (*Vide supra.*)

« Les créanciers de celui qui renonce AU PRÉJUDICE de leurs droits peuvent attaquer... [2], etc. »

La fraude du renonçant, qui suppose à la fois *consilium et eventus*, ne doit pas être exigée pour que les créanciers puissent attaquer la renonciation ; il doit suffire qu'en résultat elle leur soit PRÉJUDICIABLE.

(1447) « Les créanciers du mari peuvent intervenir..., etc. » (Voy. page 22.)

(Comme au projet [3].)

(1464) « Les créanciers de la femme..., etc. » (Voy. p. 22.)

(Comme au projet [4].)

[1] Voy. FENET, t. II, p. 545.
[2] *Id.* p. 570.
[3] *Id.* p. 715.
[4] *Id.* p. 716.

(2225) « Les créanciers pos-   (Comme au projet[3].)
térieurs... » (Voy. page 22.)

On voit que le tribunal de Cassation proposait, à l'égard de la renonciation à l'usufruit et de la renonciation à une succession, de substituer au système de Pothier, suivi par les auteurs du projet, le système de Furgole, et qu'il appliquait cependant à la renonciation à la communauté, non ce dernier système, comme il eût été logique de le faire, mais le premier. La contradiction qu'on reproche au Code civil, celle des articles 788 et 1464, était donc déjà dans le projet du tribunal de Cassation !

Les deux articles relatifs à la renonciation de l'usufruitier et de l'héritier, proposés par ce tribunal, passèrent sans discussion dans les projets présentés au conseil d'État, et furent définitivement adoptés; ils forment les articles 622 et 788 du Code civil.

Le sens de ces deux articles ne saurait donc être douteux.

Il est manifeste que les rédacteurs du Code civil, en remplaçant, dans le premier, les mots EN FRAUDE, du projet de l'an VIII, par les mots AU PRÉJUDICE, en retranchant, du second, les mots EN FRAUDE pour ne laisser que les expressions AU PRÉJUDICE, ont entendu adopter la pensée du tribunal de Cassation, pensée qui est révélée de la manière la moins équivoque par les observations de ce tribunal.

[1] Voy. FENET, t. II, p. 749.

Déjà, avant le titre de l'Usufruit, le titre des Donations et par conséquent l'article 1053 avait été voté. Sa rédaction est conforme à celle de l'article 42 de l'ordonnance de 1747 [1] et il se trouve en parfaite harmonie avec les articles 622 et 788. Il appartient évidemment au même système. Il n'en est pas question, dans le projet de la commission, ni dans les observations du tribunal de Cassation, par la raison toute simple que ce projet repoussait, d'une manière absolue, les substitutions fidéicommissaires.

Ainsi, jusqu'à l'article 1167, les rédacteurs du Code avaient complétement adopté sur notre matière les idées du tribunal de Cassation.

Mais le principe général, la base de la théorie restait à poser : voyons comment elle le fut.

Nous allons mettre encore en regard le projet de la commission et celui du tribunal.

Article du projet de la commission de l'an VIII.	**Article proposé par le tribunal de Cassation**
(Liv. III, tit. ii, art. 62.) (1167, C. c.)	(Liv. III, tit. ii, art. 61.)
« Ils (les créanciers) ne peuvent attaquer, SOUS PRÉTEXTE DE FRAUDE à leurs droits, les actes faits par leur débiteur, que dans les deux cas suivants :	« Ils (les créanciers) peuvent aussi, en leur nom personnel, attaquer tous actes faits par leur débiteur EN FRAUDE de leurs droits.
« 1° Lorsqu'il s'agit d'actes réprouvés par la loi concernant les faillites ;	« Sont toujours réputés faits EN FRAUDE des créanciers, les actes réprouvés par la loi con-

[1] Voy. *supra* cet article, p. 17.

« 2° Lorsqu'il s'agit d'une renonciation faite par le débiteur *à un titre lucratif, tel qu'une succession ou une donation,* à la charge par les créanciers de se faire subroger aux droits de leur débiteur, et de prendre sur eux tous les risques et toutes les charges du titre qu'ils acceptent de son chef [1]. »

cernant les faillites, ainsi que la renonciation faite par le débiteur *à un titre lucratif, tel qu'une succession ou une donation.*

« S'il s'agit d'une renonciation à un titre lucratif, les créanciers qui veulent faire annuler cette renonciation, doivent se faire subroger aux droits de leur débiteur, et prendre sur eux tous les risques et toutes les charges du titre qu'ils acceptent à sa place. »

Observation. — Le changement proposé n'a pour objet que d'exprimer d'une manière qu'on croit plus précise le vœu des auteurs du projet [1].

Ici le tribunal de Cassation déclare se borner à traduire la pensée des auteurs du projet. Laissons de côté l'original dont nous avons déjà parlé plus haut, analysons la traduction, qui a du moins le mérite de la clarté.

Le tribunal pose d'abord, d'une manière fort nette, dans le premier alinéa, le principe général de la matière. L'action révocatoire n'est donnée au créancier que pour attaquer les actes faits en fraude de ses droits, c'est-à-dire avec le *consilium* et l'*eventus.* — Et la fraude ne se présume pas ; elle doit être prouvée

[1] Voy. FENET, t. II, p. 587.

par le créancier, à moins que, par une présomption légale, il ne soit dispensé, dans certains cas, de cette preuve — Le projet ne s'explique pas sur la distinction, admise en droit romain, entre les aliénations à titre onéreux et les aliénations à titre gratuit.

Au nombre des actes, présumés faits en fraude des créanciers, l'article place :

1° Les actes réprouvés par la loi concernant les faillites ; — ce n'est là qu'un renvoi à une loi spéciale ;

2° La renonciation *à un titre lucratif*, tel qu'une succession ou une donation.

Enfin le projet admet la règle de notre ancienne jurisprudence relative aux risques.

Voyons comment furent accueillies, au conseil d'État, les idées du tribunal de Cassation.

Un premier projet fut présenté au conseil par M. Bigot-Préameneu, le 11 brumaire an XII. Dans ce projet, l'article unique du tribunal est remplacé par les deux articles suivants :

> ART. 62. « Ils (les créanciers) peuvent aussi, en
> « leur nom personnel, attaquer tous actes faits
> « par leur débiteur en fraude de leurs droits[1]. »

Ce premier article n'est que la reproduction exacte du premier alinéa de l'article du tribunal.

[1] Voy. FENET, t. III, p. 12.

Art. 65. « Lorsqu'un débiteur a renoncé à une
« succession, le créancier peut l'accepter du
« chef de son débiteur.

« Le créancier peut aussi demander l'exécution à
« son profit d'une donation que son débiteur
« aurait d'abord acceptée et à laquelle ce débi-
« teur aurait ensuite renoncé.

« Dans l'un et l'autre cas, le créancier prend sur
« lui les risques et les charges résultant du titre
« qu'il accepte à la place de son débiteur [1]....»

Ce second article laisse de côté, avec raison, les
expressions vagues et générales, *à un titre lucratif*,
que le projet de la commission avait prises, on ne
sait où, et que le tribunal de Cassation aurait déjà
dû repousser. — Il ne renferme plus ainsi que trois
propositions, l'une relative à la renonciation à une
succession, l'autre relative à la renonciation à une
donation, l'autre enfin relative aux risques.

De ces trois propositions, la première était inutile ; elle faisait double emploi avec l'article déjà voté
qui forme l'article 788 du Code civil ; elle pouvait
donc, elle devait être retranchée. — La seconde renfermait une idée peu rationnelle et qu'un examen at-
tentif devait faire abandonner. — Pourquoi, en effet,
présumer la fraude dans le cas de renonciation à une
donation déjà acceptée ? Pourquoi le donataire devenu propriétaire ou créancier de l'objet donné,

[1] Voy. FENET, t. III, p. 12.

aurait-il été empêché de rendre au donateur ce qu'il en avait reçu ou de renoncer à son droit de créance contre lui ? Pourquoi, je le répète, présumer dans ce cas la fraude, alors qu'elle ne serait pas présumée si le donataire avait donné à un tiers l'objet reçu ou sa créance contre le donateur, au lieu d'en faire l'abandon à ce dernier ? Serait-ce parce qu'il peut se justifier par les motifs les plus légitimes, les plus honorables qu'on présume ici l'acte frauduleux ? — Enfin la troisième proposition, contraire au droit romain, admise seulement dans notre ancienne jurisprudence, sous la préoccupation de la nature d'action réelle, qu'on donnait trop facilement à l'action révocatoire, était peu en harmonie avec le caractère d'action personnelle que doit avoir en général l'action paulienne, et que les rédacteurs du Code voulaient sans doute lui donner dans tous les cas [1].

Il y avait donc de bonnes raisons pour retrancher complétement du projet cet article 63, et, en fait, il disparut, sans qu'aucune discussion nous montre qu'il ait été mis de côté par d'autres motifs que ceux que je viens d'indiquer et qui me semblent très-rationnels.

C'est ainsi qu'il n'est plus resté de l'article du tribunal de Cassation que le premier alinéa, le plus important de tous, celui qui renferme le principe

---

[1] Voy. notre seconde partie, ch. ii.

de la matière et qui forme le premier alinéa de l'article 1167.

Les articles 1447, 1464 et 2225 furent adoptés tels que les avait conçus la commission et tels que les avait approuvés le tribunal de Cassation, sauf le léger changement, déjà indiqué, résultant du retranchement, évidemment nécessaire, du mot *postérieurs* dans l'article 2225, et sauf encore la modification que subit la rédaction de l'article 1447 [1].

Ainsi, on le voit, presque tous les articles du Code civil, relatifs à l'action paulienne, ne sont que la reproduction du projet du tribunal de Cassation. — C'est donc dans ce projet qu'on doit chercher le sens de ces dispositions, qu'on peut espérer en saisir la pensée, et cette pensée apparaît en effet manifestement dans les observations de ce tribunal.

Vainement on la chercherait ailleurs; il n'y a, dans tous les procès-verbaux des séances du conseil d'État, aucune trace, même légère, de discussion sur les articles qui ont trait à notre théorie, et quant aux discours prononcés, soit devant le tribunat, soit devant le corps législatif; — ils ne fournissent aucune lumière nouvelle, ils se contentent presque toujours de rapporter textuellement ces articles.

Nous pouvons maintenant, à l'aide de ces docu-

---

[1] Voy. plus haut, p. 21.

ments, apprécier et combattre les systèmes, qui expliquent le *préjudice* des art. 622 et 788 par la *fraude*, ou la *fraude* de l'article 1464 par le *préjudice*. Ils nous paraissent également difficiles à soutenir.

Art. 3. — Système du code civil.

Il est indubitable, à nos yeux, que par *fraude* les rédacteurs du Code civil ont entendu ce que tout le monde entend dans le langage ordinaire, c'est-à-dire la réunion du préjudice matériel et du fait intentionnel, la réunion du *consilium* et de l'*eventus*.

Il est indubitable aussi que les mots *au préjudice*, *préjudicier*, des article 622, 788, 1053, ont été employés, à dessein, pour exclure la nécessité de prouver le dol, le *consilium*, pour établir une présomption de fraude.

Répondons cependant à quelques objections qu'on a faites.

La rédaction des articles 622, 788, 1053 n'implique pas, a-t-on dit, d'une manière nécessaire, l'adoption d'une règle définitive, sur les cas prévus par ces dispositions. Le législateur s'est servi des expressions *au préjudice*, *préjudicier*, précisément, parce qu'elles avaient, à ses yeux, l'avantage de laisser la question de fraude indécise. Plus tard, cette question a été résolue, d'une manière générale, par l'article 1167, dans le sens de la fraude; — c'est donc, dans ce sens, qu'il faut entendre les articles précités, aussi bien que les articles 1447 et 1464, où le mot *fraude* se trouve expressément, parce qu'ils ont été discutés et adoptés après la discussion et l'adoption de l'article 1167.

Ce raisonnement spécieux, qui a dû séduire et entraîner bien des esprits, tombe devant l'analyse complète que nous avons faite des travaux préparatoires du Code civil. — Comment soutenir, en effet, en présence des observations qui accompagnent les articles proposés par le tribunal de Cassation, que les rédacteurs du Code, en adoptant, sans y rien changer ces articles, aient entendu cependant leur donner un autre sens que ne le fait ce tribunal ? — Comment tirer argument de la place qu'occupent les articles 1447 et 1464, lorsqu'on sait que ces articles étaient, dans le projet du tribunal, ce qu'ils sont dans le Code ?

Une seconde objection a sa base dans les retranchements que subit successivement l'article 61 du projet du tribunal de Cassation, correspondant à l'article 1167 du Code civil.

Ces retranchements ont, nous dit-on, un sens bien significatif; ils indiquent dans l'esprit du législateur un changement de système, un retour aux idées de Pothier. L'article 61 reproduisait la règle exceptionnelle de l'article 788 ; — on a retranché l'alinéa qui contenait cette règle, et on a, en outre, repoussé complétement l'idée générale, dont elle n'était qu'une application. — C'est donc par inadvertance qu'après ce retranchement on a laissé subsister, dans leur forme primitive, les articles 622, 788 et 1053, qui se rattachent, par leur rédaction, à un système qu'on repoussait définitivement. Ce que le législateur n'a pas fait, mais aurait dû faire, nous devons le faire à sa place, et substituer dans ces trois articles, aux mots *préjudice*, *préjudicier*, le mot *fraude* qui devrait s'y trouver.

Nous avons expliqué et justifié les retranchements que dut subir l'article 61 ; nous avons vu qu'ils n'impliquaient nullement l'abandon des règles posées dans les articles 622, 788 et 1053 ; nous avons ainsi réfuté d'avance cette objection. — Mais nous insistons à notre tour, et nous demandons, s'il suffit, pour écarter une disposition législative, ou pour en transformer le sens, d'une simple conjecture qui, bien loin d'être vraisemblable, se trouve combattue par les raisons les plus fortes, par les textes d'abord, et puis par les documents historiques.— Enfin, est il réellement permis de supposer dans l'esprit du législateur la légèreté qu'on lui attribue ici, et peut-on admettre que les rédacteurs du Code, dans la composition rapide de leur ouvrage, oubliaient, le lendemain, comme des ouvriers indifférents, le travail de la veille, ne prenant aucun souci de mettre le texte de la loi fondamentale, qu'ils allaient donner à la France, d'accord avec leur pensée?

Enfin revient toujours la grande objection tirée des articles 788 et 1464.

La contradiction qui existe entre ces deux articles est la pierre angulaire de tous les systèmes proposés ; les uns expliquant le premier par le second ; les autres, avec autant de raison peut-être, expliquant le second par le premier.

Nous ne prétendons pas, nous l'avons déjà dit, justifier cette contradiction ou plutôt ce défaut d'unité qui se trouve dans le Code. Nous pensons, comme tout le monde, qu'il eût été mieux d'adopter définitivement un système, et de l'appliquer ensuite avec sûreté aux divers cas particuliers, ou plutôt encore d'abandonner ce soin à la doctrine.—Nous trouvons ici une nouvelle preuve de cette vérité, que la loi ne doit, autant que possible, contenir que des dispositions générales, et qu'elle ne doit pas, sans nécessité, descendre à la solution des espèces particulières. —Mais si nous ne pouvons justifier le législateur, nous pourrons peut-être expliquer comment ces deux articles, évidemment conçus dans deux systèmes différents, ont trouvé place dans le même Code.

Dans le projet de la commission de l'an VIII, la contradiction n'existait pas. Dans les trois cas de renonciation prévus par les articles 622, 788 et 1464, le préjudice et la fraude étaient également exigés pour que les créanciers pussent agir avec succès.

La contradiction, chose remarquable, se montra

pour la première fois dans le projet du tribunal de Cassation, qui avait cependant arrêté d'une manière particulière son attention sur notre théorie. On peut donc croire, que c'est, à dessein, que ce tribunal admit, entre les deux cas de renonciation, une différence dont il devait parfaitement comprendre la portée.

Peut-être y fut-il déterminé par cette considération, qu'il importait de ne pas rendre trop facile aux créanciers l'attaque d'un acte auquel presque toujours se rattachent les intérêts compliqués de deux familles, celle de la femme et celle du mari.— Peut-être encore céda-t-il à l'influence des idées, qui avaient prévalu dans l'ancienne jurisprudence, qui admettait, en effet, plus facilement, l'action paulienne, dans les cas de restitution de fidéicommis ou de renonciation à une succession, que dans le cas de renonciation à la communauté. — J'observerai encore, que d'après l'idée générale, admise dans l'article 61 du projet, il y avait présomption de fraude, seulement dans les cas de renonciation *à un titre lucratif*, tel que succession et donation, et que la communauté, société *sui generis*, pouvait ne pas être considérée comme un titre lucratif. — Enfin, je ferai remarquer que, dans les cas de renonciation prévus par l'article 64, les créanciers devaient se faire subroger à leur débiteur, et accepter à leurs risques et périls; or, il ne pouvait être question pour les créanciers de risques et périls en matière d'acceptation de communauté, la femme, à laquelle ils devaient être subrogés, n'étant tenue que jusqu'à concurrence de son émolument [1].

Sans doute ces raisons sont loin d'être assez fortes pour justifier à nos yeux la contradiction qu'on reproche au législateur. Il suivit, un peu aveuglément peut-être, disons le mot, un peu servilement, le projet du tribunal de Cassation, mais il le suivit volontairement, sciemment, connaissant bien la portée des expressions dont il se servait.

Il faut donc renoncer à expliquer les unes par les autres des dispositions qui ont un sens manifestement différent. Il faut prendre, il faut accepter, sans détour, la loi telle que le législateur a voulu la faire. Qu'on critique le défaut d'unité, l'absence d'harmonie qui existe entre les articles 788 et 1464, qu'on reproche aux rédacteurs du Code de ne pas avoir su adopter et suivre jusqu'au bout un système, qu'on fasse toucher du doigt l'incohérence de quelques articles; nous souscrivons à ces critiques qui sont justes, à ces reproches qui sont mérités, mais nous n'y trouvons pas une raison suffisante pour transformer le sens de ces articles, pour traduire les unes par les autres des expressions qui se repoussent et qui ont été choisies, à dessein, pour exprimer des idées différentes.

[1] Voy. art. 1483, C. civ.

Sans doute la mission du jurisconsulte n'est pas seulement de saisir le sens littéral de chaque disposition législative ; elle consiste surtout à harmoniser entre elles les diverses parties du droit, à les vivifier, à les féconder par la raison, éclairée de l'histoire et de la philosophie ! Mais quelque large que soit le domaine de l'interprétation juridique, il a cependant ses limites et ne doit point aller jusqu'à forcer le sens des textes les plus clairs, jusqu'à substituer sa pensée à la pensée connue, manifestée du législateur !

Aussi nous repoussons, à la fois, et le système qui veut trouver dans l'article 1167 une règle absolue et générale, et celui, bien moins soutenable encore, qui admet la présomption de fraude pour tous les actes à titre gratuit.

Ce dernier, en effet, est en contradiction, à la fois, et avec l'article 1167, qui est général et doit s'appliquer toutes les fois qu'il n'y a pas de dérogation spéciale dans la loi, et avec l'article 1464 qui exige la fraude pour un cas particulier ; enfin avec les articles 446 et 447 du Code de commerce, qui, dans une matière spéciale, éminemment favorable, admet précisément, seulement dans certaines limites, mais d'une manière plus rigoureuse, il est vrai, la règle qu'on voudrait rendre générale. Qu'était-il besoin de dire que les aliénations à titre gratuit faites par le failli depuis la cessation des payements ou dans les dix jours qui la précèdent jusqu'au jugement déclaratif, seraient présumées frauduleuses, et par suite nulles à l'égard des créanciers, s'il était vrai que cette présomption fût de droit commun pour tous les actes à titre gratuit? La différence dans la rigueur des présomptions n'expliquerait que d'un manière imparfaite ces dispositions toutes spéciales [1]. Ce système paraît, d'ailleurs, avoir été loin de la pensée du législateur; nous n'en trouvons de trace nulle part.

Nous repoussons également les deux systèmes intermédiaires qui admettent, l'un que l'article 1167 ne souffre dans le Code civil d'autre exception que celle de l'article 2225, l'autre qu'il souffre exception dans tous les cas de renonciation, même dans le cas de l'article 1464.

Nous acceptons, en un mot, la loi telle que le législateur l'a faite, et notre système se résume dans ces deux mots, qui en expriment à la fois la pensée et le fondement, fidélité aux textes, fidélité aux traditions historiques. Fidélité aux textes, auxquels nous laissons leur sens naturel et véritable; fidélité aux traditions historiques, c'est par elles que nous expliquons les textes et que nous les complétons.

Au reste, ce système n'est pas nouveau. C'est en effet le plus simple de tous, celui qui se tient le plus près de la loi. C'est le système auquel semble s'attacher de plus en plus la jurisprudence qui, au milieu de la divergence incroyable d'opinions que cette

[1] Voy. dans la seconde partie l'analyse de ces dispositions.

théorie a fait naître, a dû prendre pour règle de ces décisions des textes clairs dont on a trop cherché à torturer le sens.

A mon avis, les rédacteurs du Code civil se sont écartés sur cette matière et des idées du droit romain, dont ils ont cependant adopté le principe, et des errements de notre ancienne jurisprudence, qu'ils ont suivie sur quelques points, qu'ils ont abandonnée sur d'autres. Leur système est un système mixte qu'il faut d'abord, si on ne veut s'égarer, étudier en lui-même et ne compléter qu'avec prudence à l'aide des monuments que nous ont transmis les jurisconsultes romains et nos vieux auteurs français.

L'action paulienne de l'article 1167 du Code civil est une action personnelle accordée au créancier pour le mettre à l'abri des fraudes du débiteur de mauvaise foi. La cause de l'obligation sur laquelle se fonde le droit du créancier est le dommage qu'il a éprouvé et dont il a droit de demander la réparation, non-seulement au débiteur ou à ses héritiers, qui peuvent être insolvables, mais encore aux complices de ce débiteur, à leurs héritiers et à tous ceux qui se sont enrichis injustement par suite de ces fraudes.

Cette action est toujours fondée, ou sur le principe de l'article 1382, ou sur cette règle éminemment équitable, *que nul ne doit s'enrichir injustement aux dépens d'autrui.*

En principe, c'est évidemment au créancier à prouver le fondement de son action, de son droit, c'est-à-dire le préjudice par lui ressenti et le fait intentionnel qui l'a causé (1167). Ce ne sera que dans les cas exceptionnels, spécialement déterminés, que le juge pourra le dispenser de cette preuve.

L'action du créancier étant personnelle, ayant son fondement dans un droit que la loi lui attribue en propre, laisse entiers les rapports des autres personnes qui ne peuvent profiter ou souffrir, en droit, sinon en fait, et sauf les cas exceptionnels, des suites de l'action intentée.

Après cette exposition générale, il nous sera facile, du moins je l'espère, de résoudre avec sûreté les difficultés nombreuses que présente cette intéressante théorie. Je vais maintenant les aborder.

SECONDE PARTIE.

CHAPITRE PREMIER.

DE LA FRAUDE.

§ 1er. Qu'est-ce que la fraude ?

§ 2. Comment se prouve-t-elle ?

§ 3. A qui incombe la preuve?

§ 4. Cas dans lesquels la fraude est présumée.

§ 5. Présomptions de fraude à l'égard des actes du failli.

§ 1er. — QU'EST-CE QUE LA FRAUDE ?

1. *La fraude est la réunion du* CONSILIUM *et de l'*EVENTUS *, du fait intentionnel et du préjudice matériel.*

2. *Dans quels cas y a-t-il préjudice matériel?*

3. *En quoi consiste le fait intentionnel?*

4. *Faut-il une volonté dirigée dans le but de nuire, ou bien suffit-il de la simple connaissance qu'un préjudice matériel résultera, pour les créanciers, de l'acte qu'on se propose d'accomplir?*

5. *Cette connaissance se présume t-elle?*

1. Les expressions *fraus, fraudare, defraudare,* avaient quelquefois, surtout dans l'ancienne langue

latine, le sens de simple préjudice, préjudicier. On peut même découvrir, dans le Digeste, plus d'un passage, où ces mots sont employés avec cette acception[1]. Mais, dans la matière qui nous occupe, relativement à l'action paulienne, ils signifient toujours la réunion du préjudice matériel et du fait intentionnel du *consilium* et de l'*eventus*. C'est aussi la signification qu'a dans notre langue française le mot *fraude* qui exprime toujours l'idée de perte unie à l'idée de dol. C'est donc avec ce sens qu'on doit interpréter cette expression dans la loi, à moins que de fortes raisons ne donnent lieu de penser qu'elle a été employée par le législateur dans une acception moins restreinte.

2. Il y a préjudice causé, *eventus damni*, pour le créancier, toutes les fois que le débiteur, déjà insolvable, augmente, par ses actes, cette insolvabilité, diminue son patrimoine, qui est la garantie de l'exécution de ses obligations, enlève, en un mot, au créancier, une partie du gage sur lequel il avait droit de compter.

Plus évidemment encore il y a préjudice lorsque le débiteur solvable se met par ses actes dans l'impossibilité de remplir ses engagements.

3. Quant au fait intentionnel, qui doit se joindre

---

[1] Voy. Dirksen, *Manuale latinitatis font. jur. civ. rom.*, Verbis *Fraus*, *Fraudare*.— Tout le monde connaît le, *si plus minusve secuerunt*, se fraude esto, de la loi des Douze Tables, qui se rapporte précisément à notre sujet. Voy. *supra*, p. 4 et 11.

au préjudice pour constituer la fraude, le *consilium damni*, il consiste, dans la volonté de causer le dommage, de nuire au créancier.

4. Mais faut-il une volonté active, expresse, dirigée dans le but de nuire, ou bien suffit-il, que le débiteur, ou ses complices, aient connaissance du préjudice matériel, qui résultera, pour les créanciers, de l'acte, qu'ils se proposent d'accomplir? Je crois qu'il suffit, en général du moins, de la simple connaissance. — Celui qui, se sachant insolvable ou sur le point de le devenir, fait des actes qui doivent nécessairement aggraver sa position, alors même qu'il n'a pas le désir de porter préjudice aux personnes vis-à-vis desquelles il est obligé, n'en est pas moins coupable, sa négligence insouciante n'est pas pure de tout dol, *non caret dolo*, et on doit permettre au créancier d'attaquer ces actes comme frauduleux[1].

5. Faut-il aller plus loin encore, et décider que le débiteur insolvable, ou sur le point de l'être, sera toujours présumé connaître l'état de ses affaires, sauf à lui, ou plutôt à ceux avec lesquels il a traité, à établir qu'il n'avait pas cette connaissance? Cette question est très-controversée par les auteurs qui n'ont pas assez remarqué, je crois, que c'est plutôt là une question de fait qu'une question de droit. Nous verrons, en effet, que la fraude, dans ses deux

[1] Voy. dans le chap. iii, *infra*, une exception à cette règle qui n'est d'ailleurs qu'une règle d'interprétation.

éléments, peut se prouver par tous les moyens, même par de simples présomptions humaines. Le juge pourra donc, en prenant en considération l'état, la position du débiteur, son instruction, l'état de sa fortune, considérer comme certain qu'il avait connaissance de son insolvabilité. Mais il serait, à mon sens, tout à fait contraire aux principes de décider, en droit, d'une manière générale, que toute personne est présumée connaître l'état de ses affaires, et, sur un pareil fondement, de reporter sur ceux, qui ont traité avec le débiteur, la preuve qu'il n'avait pas cette connaissance, qu'il ignorait être insolvable.

§ 2. — COMMENT SE PROUVE LA FRAUDE ?

6. *Elle peut se prouver par tous moyens de preuves, soit écrites, soit verbales.*

7. *Le juge peut l'admettre sur le fondement de simples présomptions humaines.*

6. Pour établir la fraude, tous les genres de preuves sont admissibles. La plus grande latitude doit être laissée au juge et aux parties. Ces dernières, non-seulement pourront se servir des preuves écrites, que la négligence du débiteur ou de ses complices aura laissées subsister, et de leurs aveux, quels qu'ils soient; elles pourront, de plus, appeler à leur aide la preuve testimoniale.—Car la fraude est un de ces faits pour lesquels il est impossible, au créancier, du moins dans la plupart des cas, de se procurer une preuve littérale; c'est, d'ailleurs, un délit civil dont

la loi doit toujours permettre et faciliter la répression. (C. civ., 1348 et 1353.)

7. Le juge peut admettre la fraude sur le fondement de simples présomptions humaines[1]. Ces présomptions toutefois doivent être comme le veut la loi, graves, précises, concordantes.

Même avec cette faculté et cette étendue de pouvoir, il sera souvent bien difficile au créancier d'obtenir la réparation du préjudice qu'il aura éprouvé, de fournir la preuve qu'on lui demande. La fraude, en général, ne se montre pas au grand jour, la lumière ne lui est pas bonne; elle se cache et ne laisse autant que possible aucune trace de son passage : elle se conforme avec soin à la pensée du poëte latin[2].

Noctem peccatis, fraudibus objice nubem.

« Ceux qui veulent faire fraude, dit Coquille[3], « travaillent de tout leur pouvoir de la couvrir, et « ne serait pas fraude si elle n'était occulte ; car celui « qui sçait ne peut dire avoir été déçu. »

Il en conclut, avec raison, qu'on doit admettre contre elle les preuves les plus larges.

Souvent elle se trahira elle-même, et un magistrat, éclairé et pénétrant, saura la découvrir dans

[1] Voy. art. 1353, 1348 du Code civil.
[2] Horace , *Épîtres*.
[3] Sur la coutume du Nivernais, p. 68.

les précautions, multipliées, peut-être inutiles, qu'elle aura prises pour s'assurer la conservation d'un gain illicite. *Quanto major cautela,* nous dit Dumoulin, dans son langage un peu dur, mais toujours concis et énergique, *tanto evidentior fraus.*

§ 3. — A QUI INCOMBE LA PREUVE.

8. *La preuve est à la charge du créancier.*
9. *Celui contre lequel l'action paulienne est intentée peut-il opposer le bénéfice de discussion?*
10. *Tempérament que doit recevoir la solution de la question précédente.*

8. Le droit du créancier, étant fondé sur le préjudice qu'il dit avoir éprouvé, et sur le dol du débiteur et de ses complices, ou du débiteur seul, c'est à lui de prouver ce double élément de son droit, le *consilium* et l'*eventus*, à moins que, par une disposition spéciale de la loi, une présomption ne soit admise en sa faveur.

9. Il résulte, de là, que celui contre lequel le créancier intente l'action paulienne, peut opposer, à ce dernier, le bénéfice de discussion ; car il ne sera établi, qu'un préjudice a été réellement causé, que, lorsqu'il sera démontré qu'il y a impossibilité, pour le débiteur, d'acquitter ses obligations.

Le défendeur, qui requerra la discussion, devra indiquer, au créancier, les biens du débiteur, et avancer des deniers suffisants pour faire la discussion.

10. Si même la discussion était trop difficile, s'il apparaît surtout que c'est par esprit de fraude qu'elle est demandée; si, en un mot, il peut en résulter un danger sérieux pour les intérêts du créancier, le juge devra l'autoriser à intenter immédiatement son action.

Ainsi on a jugé, avec raison, que le créancier ne pouvait être obligé de discuter les biens du débiteur situés à l'étranger.

§ 4. — CAS DANS LESQUELS LA FRAUDE EST PRÉSUMÉE.

11. *Différentes espèces de présomptions.*
12. *Article 622 du Code civil, présomption de fraude qu'il renferme.*
13. *Articles 788 et 1053.*
14. *Article 2225, explication de cet article. — Interprétations diverses.*
15. *1° Interprétation de l'orateur du gouvernement, qui rattache cet article à l'article 1166.*
16. *2° Interprétation qui le rattache à l'article 1167.*
17. *3° Interprétation qui lui donne un sens tout exceptionnel.*
18. *4° Interprétation qui le rattache aux articles 622, 788, 1053.*

11. Quelquefois, je l'ai déjà observé, la loi éta-

blit, à l'égard de certains actes, une présomption de fraude, et permet au créancier de les attaquer, sur le simple fondement qu'ils lui sont préjudiciables. Cette présomption est parfois absolue, parfois elle cède devant la preuve contraire. Les effets ne sont pas non plus toujours les mêmes : tantôt les actes auxquels s'appliquent les présomptions sont nuls, tantôt ils donnent seulement lieu à l'action révocatoire.

Je vais parcourir rapidement les cas les plus importants auxquels s'applique cette règle exceptionnelle.

12. L'article 622 nous fournit le premier exemple.

« Les créanciers de l'usufruitier, dit-il, peuvent
« faire annuler la renonciation qu'il aurait faite
« *à leur préjudice.* »

J'ai démontré [1] qu'il fallait entendre ces mots, *à leur préjudice,* dans leur sens naturel, et non les traduire, comme le font plusieurs auteurs, par les mots *en fraude de leurs droits.*

La renonciation de la part d'un débiteur insolvable a paru en général, à notre législateur, suffisamment démonstrative de dol; il dispense le créancier de toute preuve à cet égard, et la présomption qu'il établit ici ne céderait pas même devant la

---

[1] Voy. première partie.

preuve contraire, devant la preuve faite de la bonne foi.

13. Les articles 788 et 1053 sont conçus dans le même système que l'article 622. Je renvoie ici encore à la partie générale de mon travail [1].

14. L'article 2225 exige quelques développements particuliers. Il est ainsi conçu :

> « Les créanciers, *ou toute personne ayant intérêt*
> « *à ce que la prescription soit acquise*, peuvent
> « l'opposer, encore que le débiteur ou le pro-
> « priétaire *y renonce.* »

Remarquons, en passant, une négligence de rédaction, qui prouve, comme bien d'autres, avec quelle précipitation les derniers titres du Code civil ont été composés. Les mots *débiteur* et *propriétaire* sont placés dans l'article, à côté l'un de l'autre, quoique supposant une hypothèse différente. Le mot *débiteur* suppose, en effet, que la prescription n'est pas encore accomplie, ou, au moins, n'a pas encore produit son effet; le mot *propriétaire* suppose, au contraire, la prescription acquise au possesseur. Il n'y a évidemment aucune induction plausible à tirer de ces termes contradictoires pour fixer le sens équivoque de cette disposition.

Les auteurs sont loin, en effet, d'être d'accord sur

---

[1] Voy. première partie, p. 19 et suiv.

l'interprétation à donner à cet article. Trois interprétations sont présentées. Pour les saisir, il faut observer, d'abord, que la loi ne parle pas ici, seulement des créanciers, mais encore de *toute autre personne ayant intérêt à ce que la prescription soit acquise.*

Quelles sont ces personnes, autres que les créanciers, qui peuvent opposer la prescription, malgré la renonciation du débiteur ou du possesseur lui-même? Ce sont, d'abord, selon nous, tous ceux auxquels le possesseur aurait concédé des droits réels sur l'immeuble possédé, soit avant, soit après l'accomplissement de la prescription ; ce sont, d'un autre côté, la caution, le codébiteur solidaire, qui peuvent également, opposer la prescription, à laquelle le débiteur principal, et le codébiteur, n'ont pu renoncer à leur préjudice.

Ces décisions nous paraissent incontestables ; elles sont une conséquence des principes généraux ; on les a néanmoins combattues par une fausse interprétation des mots *y renonce,* qui se trouvent à la fin de l'article. On a prétendu, qu'elles ne devaient s'appliquer qu'au cas, où, toutes les personnes intéressées invoquent la prescription, avant la renonciation, ou au moment même de cette renonciation. Cette opinion, fondée sur le temps du verbe *renoncer,* nous semble bien difficile à soutenir. Elle est contredite par l'article 788 où les mots *qui renonce,* bien qu'employés aussi au présent, supposent, de l'aveu de tous, une renonciation accomplie. Entendu dans ce sens, l'article 2225 ne serait d'ailleurs qu'une superfétation ; l'article 1166 garantit suffisamment, pour le cas d'une renonciation projetée, mais non encore accomplie, les droits des intéressés.

Si nous passons, maintenant, aux créanciers, les seuls dont nous ayons à nous occuper, il faudra distinguer entre les créanciers ayant privilége ou hypothèque, et les simples créanciers cédulaires. Aux premiers, s'appliquent les observations que nous venons de faire, à l'égard de ceux auxquels le possesseur renonçant a accordé des droits réels. La renonciation sera évidemment, en tant qu'elle aurait pour objet de les priver de leur privilége ou de leur hypothèque, comme non avenue.

Mais, quelle sera la position des simples créanciers cédulaires ? Toute la question dépend encore ici de l'interprétation à donner aux derniers mots de l'article.

15. S'il est vrai que les rédacteurs du Code par ces mots *y renonce*, employés au présent, ont voulu parler d'une renonciation qui va se faire, qui va s'accomplir, qui est imminente, mais qui n'est pas encore parfaite, l'article est inutile, puisque l'article 1166 suffit aux créanciers pour opposer une prescription dont rien ne paralyse encore les effets ; et quant à la renonciation accomplie, il faut alors, n'ayant pas d'autre disposition spéciale qui établisse,

pour ce cas, une présomption, recourir au principe général, à l'article 1167, et n'autoriser les créanciers à attaquer la renonciation qu'autant qu'elle serait démontrée frauduleuse.

Cette première interprétation qui tombe devant l'article 788, qui d'ailleurs devrait être repoussée par cette considération qu'elle rend l'article 2225 superflu, est cependant, il faut bien le dire, celle que donnait dans son discours au corps législatif l'orateur du gouvernement, M. Bigot-Préameneu, qui ne paraît pas avoir compris la portée de cette disposition.

« La prescription, dit-il, établit ou la libération ou
« la propriété; et les créanciers peuvent ainsi qu'on
« l'a déclaré au titre des Obligations (art. 1166)
« exercer les droits et les actions de leurs débiteurs
« à l'exception de ceux attachés à la personne; la
« conséquence est que les créanciers ou toute autre
« personne ayant intérêt à ce que la prescription
« soit acquise; peuvent l'opposer, quoique le débi-
« teur ou le propriétaire y renonce. »

16. La seconde manière, d'interpréter l'art. 2225, consiste, à n'y voir que l'application pure et simple de l'article 1167. Dans ce système, notre article se réfère à une renonciation consommée, mais à une renonciation consommée frauduleusement. La loi, il est vrai, n'y parle pas de fraude, mais c'était chose

inutile, le principe général étant déjà établi, au titre des Obligations (1167).

On a attaqué, avec raison, cette seconde solution, en faisant observer, que pour les intéressés, autres que les créanciers cédulaires, le droit de faire annuler la renonciation à la prescription n'est pas subordonné à la fraude du renonçant. Tous les auteurs sont d'accord à cet égard. Or, notre article, ne fait aucune distinction, entre les créanciers et les autres personnes intéressées.

17. D'autres pensent enfin, que, dans cet article, le législateur a établi une présomption, (selon quelques-uns, unique dans le Code,) en faveur du créancier, et qu'il suffit, que la renonciation lui soit préjudiciable, pour qu'il puisse l'attaquer. La preuve de la fraude serait ici en effet bien dangereuse, bien difficile; d'ailleurs les créanciers ne doivent pas souffrir des scrupules, quelque honorables qu'ils soient, de leur débiteur. Ce sera à ce dernier, si plus tard sa fortune devient meilleure, à indemniser ceux qu'il croit avoir été injustement dépouillés, par l'effet de la prescription acquise. Il aura alors satisfait, à la fois, et aux exigences de sa conscience et à celles de la loi.

18. Nous n'hésitons pas à adopter cette dernière opinion. L'article 2225 est conçu dans le même système que les articles 622, 788, 1053, et nous reconnaissons qu'il y avait même ici des raisons plus

fortes pour s'écarter, en faveur du créancier, du principe général de l'article 1167.

la créance, moins de dix jours avant cette épo-
que, est-il nul ou valable?

19. C'est surtout dans les faillites que la fraude trouve à se faire jour; c'est là, on peut le dire, son véritable terrain; c'est là qu'elle se montre sous les formes les plus variées, les plus insaisissables parfois, et qu'elle parvient trop souvent à déjouer tous les moyens employés pour la combattre.

Le législateur a dû se montrer rigoureux, contre tous ces actes qui, au moment où la faillite est sur le point d'éclater, n'ont, presque toujours, pour objet, que de soustraire, soit au profit du failli, soit au profit de quelques complices intéressés, des biens qui, étant le gage de tous les créanciers, doivent, à moins de cause légitime de préférence, être également partagés entre tous.

Les articles 446 à 449 du Code de commerce établissent, à l'égard de ces actes, des présomptions de fraude, qui, tantôt absolues, lient complétement la conscience du juge, tantôt moins rigoureuses, admettent la preuve contraire de la bonne foi, et laissent ainsi quelque latitude à l'appréciation du magistrat.

20. L'ordonnance de 1673 contenait, sur cette matière, un article spécial, l'article 4, ainsi conçu:

« Déclarons nuls tous transports, cessions, ventes

« et donations de biens meubles ou immeubles,
« *faites en fraude des créanciers.* Voulons qu'ils
« soient rapportés à la masse commune des effets. »

Ce n'était, on le voit, que l'application du principe général de l'action paulienne. Les créanciers
devaient prouver la fraude.

Aussi après avoir rapporté l'article, un de nos
anciens auteurs[1] ajoute-t-il : « Mais on ne voit guère
« d'aliénations rappelées par cet endroit, parce qu'il
« arrive rarement que la fraude soit découverte,
« et qu'il est mal aisé de donner des règles cer-
« taines pour la découvrir. »

21. Un règlement du 2 juin 1667, fait pour la ville
de Lyon, était plus sévère. L'article 13 portait,
« que toutes cessions et transports sur les effets des
« faillis seraient nuls, s'ils n'étaient faits dix jours
« au moins avant la faillite publiquement connue. »

22. Une déclaration du roi, du 18 novembre
1702 , rendit ce règlement général pour tout le
royaume.

« Mais, outre que cette déclaration n'a pas été
« enregistrée dans la province de Languedoc, ob-
« serve de Serres[2], on peut dire que le terme de dix
« jours ne forme qu'une présomption de fraude, qui

[1] Boutaric, *Institutes*, liv. IV, tit. vi, § 6.
[2] *Institutions*, liv Ier, tit. vi, § 3.

« doit cesser, lorsqu'il paraît que les choses se sont
« passées de bonne foi ; ainsi cette matière dépend
« entièrement des circonstances. »

On voit, par ce passage, que l'article 13 précité
n'était point considéré, du moins par tout le monde,
comme établissant une présomption absolue de nul-
lité ; et, en effet, plusieurs arrêts rapportés par nos
anciens auteurs furent rendus dans ce sens.

23. Le Code de 1808 fit, le premier, entre les divers
actes, des distinctions assez nombreuses, qui ont
passé, mais avec des modifications nombreuses, dans
la nouvelle loi des faillites. Il contenait, sur ce
point, les dispositions suivantes :

Art. **443.** « Nul ne peut acquérir privilége ni
« hypothèque sur les biens du failli, dans les
« dix jours qui précèdent *l'ouverture de la fail-*
« *lite.* »

Art. **444.** « Tous actes translatifs de *propriétés*
« *immobilières*, faits par le failli, *à titre gra-*
« *tuit*, dans les dix jours qui précèdent *l'ou-*
« *verture de la faillite*, SONT NULS ET SANS EFFET,
« relativement à la masse des créanciers ; tous
« actes du même genre, *à titre onéreux, sont*
« *susceptibles d'être annulés*, sur la demande
« des créanciers, s'ils paraissent au juge porter
« des caractères *de fraude.* »

Art. **445**. « Tous actes ou engagements pour faire
« du commerce, contractés par le débiteur
« dans les dix jours qui précèdent *l'ouverture*
« *de la faillite, sont présumés frauduleux,*
« QUANT AU FAILLI : *ils sont nuls, lorsqu'il est*
« *prouvé qu'il y a fraude de la part des autres*
« *contractants.* »

Art. **446**. « Toutes sommes payées, dans les dix
« jours qui précèdent *l'ouverture de la faillite,*
« pour dettes commerciales *non échues,* sont
« rapportées. »

Art. **447**. « Tous actes ou payements faits *en*
« *fraude des créanciers* sont nuls. »

24. Ainsi, d'après cette loi, il fallait d'abord, ce
qui était incontestable, appliquer, aux actes du failli,
quelles que fussent leur date et leur nature, le principe général de l'article 1167 du Code civil, rappelé
d'une manière superflue par l'article 447 précité.

Mais, en outre, le législateur plaçait, suivant
plusieurs distinctions, les actes faits à l'approche de
la faillite, c'est-à-dire dans les dix jours qui en
précèdent l'ouverture, sous l'application de règles
exceptionnelles.

Distinguant entre les aliénations de biens immobiliers et les aliénations de biens mobiliers, il faisait,

quant aux premières, une sous-distinction dont le principe, puisé dans le droit romain, nous est connu : il déclarait tous actes translatifs de propriétés *immobilières* faits par le failli, A TITRE GRATUIT, *dans les dix jours qui précèdent l'ouverture de la faillite*, nuls et sans effet, nuls de droit, en un mot, relativement à la masse des créanciers. Il laissait les autres actes d'aliénation, c'est-à-dire tous les actes d'aliénation à titre onéreux, soit de biens immobiliers, soit de biens mobiliers, et les actes d'aliénation à titre gratuit *de biens mobiliers*, sous l'application du principe général.

A l'égard des payements faits par le failli, pendant le même temps, c'est-à dire depuis l'ouverture de la faillite, la loi distinguait entre les dettes *échues* et les dettes *non échues*, entre les dettes *commerciales* et les dettes ordinaires. Elle déclarait nuls tous payements de dettes qui étaient à la fois *commerciales* et *non échues*. Elle obligeait au rapport des sommes ainsi payées. Pour tous autres payements, les créanciers devaient prouver la fraude.

Quant aux obligations contractées par le failli, le législateur distinguait encore, entre les engagements commerciaux, *pour fait de commerce*, et les engagements ordinaires. Pour les seconds, il maintenait la règle générale ; pour les premiers, il présumait la fraude, à l'égard du failli ; mais il laissait aux créanciers, qui voulaient les faire annuler, à prouver ;

que ceux, qui avaient traité avec le failli, étaient de mauvaise foi.

Enfin, il déclarait nuls, sans distinction[1], tout privilége, toute hypothèque constitués sur les biens du failli, depuis l'ouverture de la faillite.

Quant aux actes faits par le failli, postérieurement à l'ouverture de la faillite, ils étaient évidemment nuls, à l'égard de la masse des créanciers, le failli étant, à partir de ce moment, dessaisi de l'administration de ses biens (art. 442).

On voit que le Code de 1808 distinguait, d'une manière fort claire, les actes nuls de droit, présumés frauduleux d'une manière absolue, les actes présumés frauduleux seulement à l'égard du failli; enfin les actes susceptibles d'être annulés, et tombant sous l'application des principes généraux.

25. Mais une grave difficulté s'éleva sur le point de savoir à quelle époque la faillite serait considérée comme ouverte. De cette question dépendait tout l'intérêt des distinctions précédentes.

L'article 441 s'exprimait à cet égard d'une manière assurément très-explicite; il portait :

« L'ouverture de la faillite est déclarée par le tri-

---

[1] Voy. *infra*, n° 28, la distinction adoptée sur ce point par la nouvelle loi des faillites.

« bunal de commerce ; son époque est fixée,
« soit par la retraite du débiteur, soit par la
« clôture de ses magasins, soit par la date
« de tous actes constatant le refus d'acquitter
« ou de payer des engagements de com-
« merce.

« Tous les actes ci-dessus mentionnés ne consta-
« teront néanmoins l'ouverture de la faillite,
« que lorsqu'il y aura cessation de payements
« ou déclaration du failli. »

Ainsi, la loi laissait au tribunal, le soin de fixer l'ouverture de la faillite, et, par suite, de prononcer indirectement sur le sort des actes ; on ne pouvait équivoquer sur ce point.

Toutefois, comme il était d'ailleurs admis que le tribunal, après avoir rendu un prémier jugement déclaratif, pouvait, par un jugement nouveau, reporter l'ouverture de la faillite à une date plus ancienne, il en résultait la plus grande, la plus déplorable incertitude sur le sort des actes faits par le failli.

26. Alors, s'introduisit une doctrine, bientôt consacrée par les cours royales et la cour de Cassation elle-même, qui, faisant violence, d'une manière ouverte, à la loi, et se fondant sur une interprétation subtile, forcée, de l'article 442, considéra, pour fixer la validité des actes faits par le failli, comme époque de l'ouverture de la faillite, non le jour fixé par le jugement déclaratif, mais le jour même de ce jugement

On rattacha, en un mot, l'ouverture, non au dessaisissement *de droit*, résultant de la fixation faite par
le tribunal, comme le voulait évidemment le législateur, mais au dessaisissement *de fait*, résultant du
prononcé même du jugement. On expliqua ces mots :
à compter du jour de la faillite, de l'article 442,
par *à compter du jour du jugement qui déclare
la faillite*.

27. Indépendamment de cette difficulté, qu'il importait de résoudre d'une manière législative, on
pouvait reprocher au Code de 1808 d'avoir établi
entre les aliénations de biens immobiliers et les aliénations de biens mobiliers, entre les dettes commerciales et les dettes non commerciales, entre les
engagements pour fait de commerce et les engagements ordinaires, des distinctions qui n'étaient pas
suffisamment justifiées, et qui restreignaient, à un
trop petit nombre de cas, la protection spéciale que
la loi avait voulu accorder aux créanciers du failli. —
D'excellents esprits réclamaient, sur ces points et sur
plusieurs autres, des réformes, que la nouvelle loi des
faillites, du 28 mai 1838, a consacrées en grande
partie.

28. Cette loi fait commencer la faillite au jour de
la cessation des payements (art. 437 *nouveau* du
Code de commerce).—C'est ce jour aussi qui lui sert
de point de départ, pour fixer le sort des actes faits
par le failli. — Elle laisse aux tribunaux, le soin de

déterminer à quelle époque a eu lieu la cessation des payements. — Ce n'est qu'à défaut de détermination spéciale que la cessation est réputée avoir lieu, à partir du jugement déclaratif de la faillite [1]. — La loi, déclare le failli dessaisi de l'administration de tous ses biens, à partir du jour de ce jugement [2]?

Pour déterminer la validité des actes, il faut distinguer d'abord plusieurs périodes, savoir :

1° Le temps qui précède la cessation des payements et les dix jours antérieurs. — Tous les actes faits pendant cette première période sont soumis aux règles ordinaires ;

2° Le temps postérieur au jugement déclaratif de faillite. — A partir de ce jugement, et par suite du dessaisissement du failli de l'administration de ses biens, tous ses actes sont nuls à l'égard de la masse des créanciers, en tant qu'ils leur sont préjudiciables (art. 443);

3° Enfin le temps intermédiaire. C'est aux actes,

[1] Voy. art. 441, Code de comm. Toutefois dans ce cas s'il s'agissait de la faillite d'une personne décédée, il est manifeste, malgré les termes de la loi, que c'est au décès que devrait être reportée l'époque de la cessation de payements ; cela résulte d'ailleurs expressément de l'article 437, deuxième alinéa. Il y a sous ce rapport contradiction entre cette dernière disposition et l'article 441.

[2] Voy. art. 443, Code de comm.

faits pendant cette période, que s'appliquent les règles exceptionnelles des articles 446 à 449.

Dans ces articles, le législateur abandonne la distinction faite par le Code de 1808 entre les actes translatifs de propriétés *mobilières* et les actes translatifs de propriétés *immobilières*, entre les dettes et les engagements *commerciaux* et les dettes et engagements *ordinaires*; mais il maintient les distinctions fort sages entre les aliénations *à titre gratuit* et les aliénations *à titre onéreux*, entre les dettes *non échues* et les dettes *échues* : il établit en outre des distinctions nouvelles [1].

La loi applique une présomption de fraude absolue, elle déclare nuls de droit, relativement à la masse des créanciers, lorsqu'ils ont été faits depuis la cessation des payements ou dans les dix jours qui ont précédé :

1° Tous actes d'aliénation *à titre gratuit*, ou plus généralement *tous actes à titre gratuit* [2];

2° Tous payements de dettes *non échues*, soit en espèces, soit par transport, vente, compensation ou autrement;

[1] Voy. art. 446, 4ᵉ alin. — Voy. aussi p. 67 *infra* 4°.

[2] Comparez en effet l'article 446, deuxième alinéa, avec l'article 447, où par opposition évidemment, la loi dit : *tous autres actes à titre onéreux*

3º Tous payements de dettes *échues*, faits autrement qu'*en espèces ou effets de commerce* [1];

4º Toute hypothèque conventionnelle ou judiciaire, et tous droits d'antichrèse ou de nantissement constitués sur les biens du failli *pour dettes antérieurement contractées*. — Elle exclut ainsi, avec raison, de la règle, les hypothèques légales et les priviléges autres que celui résultant du gage.

L'article 448, (modifiant la disposition de l'article 443 du Code de 1808, et tranchant les difficultés, que la combinaison de cet article avec l'article 2146 du Code civil, avait fait naître,) permet d'inscrire, jusqu'au jugement déclaratif de faillite, les droits d'hypothèque et de privilége, valablement acquis, c'est-à-dire constitués avant les dix jours qui ont précédé la cessation des payements, ou même constitués depuis cette époque, mais non *pour dettes antérieures*.

Toutefois, le législateur applique une présomption de fraude, abandonnée à l'appréciation du juge, et admettant par conséquent la preuve contraire, aux inscriptions prises, depuis les dix jours qui ont précédé la cessation des payements jusqu'au jugement déclaratif, *s'il s'est écoulé plus de quinze jours*

---

[1] Par effets de commerce, il faut entendre même les marchandises, et non pas seulement les lettres de change, billets à ordre, etc. Cela résulte clairement de la discussion de la loi dans les deux chambres.

entre la date de l'acte constitutif et celle de l'in-scription. — Ce retard de prendre inscription, in-dique en effet un concert frauduleux qui cependant peut ne pas avoir existé : la loi réserve au créan-cier la faculté d'établir devant le juge sa bonne foi.

Enfin la loi présume frauduleux et permet aux juges d'annuler, lorsqu'ils ont eu lieu, depuis *la ces-sation des payements, les parties ayant connais-sance de cette cessation :*

1° Tous payements qui ne sont pas nuls de droit, c'est-à-dire tous payements même *de dettes échues,* faits, même *en espèces ou effets de commerce ;*

2° Tous actes à titre onéreux, préjudiciables à la masse, quelle que soit leur nature.

La connaissance de la cessation des payements est un violent indice de fraude qui ne doit céder que de-vant de fortes preuves contraires.

Le payement d'une lettre de change, ou d'un billet à ordre, fait depuis la cessation des payements, peut également donner lieu à rapport à la masse, mais seulement, contre celui, pour compte duquel la lettre de change a été fournie, ou contre le premier endos-seur du billet, et à la charge d'établir, qu'au moment de l'émission, ils savaient que le failli avait cessé ses payements. — C'est là une grave, une im-portante innovation : le législateur a voulu soutenir le crédit que doivent avoir, dans le commerce, les lettres de change et les billets à ordre, qui sont, pour le commerçant, une véritable monnaie, dont le titre ne doit pas être facilement altéré.

29. Ces articles qui ont eu pour objet, non-seulement d'introduire d'heureuses modifications, mais encore, de trancher les difficultés que les dispositions du Code de 1808, sur la même matière, avaient soulevées, ont déjà fait naître, à leur tour, quelques questions que je vais rapidement examiner.

30. On s'est demandé, d'abord, si l'article 446 doit s'appliquer aux dispositions rémunératoires. — Il me semble que c'est là une question qui doit être complétement abandonnée à l'appréciation du juge. Tous les actes, à titre gratuit, faits par le failli, depuis la cessation de ses payements et dans les dix jours qui l'ont précédée, sont nuls et sans effet à l'égard de la masse ; voilà sans doute le principe. Mais lorsqu'elles n'excèdent pas certaines limites, qu'il est toujours facile de déterminer en fait, on peut dire que les dispositions rémunératoires ne sont pas, à proprement parler, des actes à titre gratuit, et que dès lors elles ne doivent pas tomber sous l'application du principe général.

31. On a aussi agité, devant les tribunaux, la question de savoir si les créanciers qui ont reçu un payement déclaré nul, et par suite sujet à rapport, sont tenus des intérêts depuis le payement. L'affirmative me paraît certaine.

32. Enfin on a soulevé une difficulté beaucoup plus grave, dont la solution se rattache à des principes bien connus du droit civil. On demande quel sera le sort d'un transport de créance, fait par le failli, à un cessionnaire de bonne foi, plus de dix jours avant la cessation des payements, mais signifié par le cessionnaire, au débiteur de la créance, moins de dix jours avant cette époque ?

Il faut distinguer entre les transports à titre onéreux, rentrant dans les termes de l'article 447, et les transports à titre gratuit et le transport-payement tombant sous l'application de l'article 446.

Je suppose d'abord qu'il s'agit d'un transport de la seconde espèce.

La signification, d'après les articles 1689 et 1690 du Code civil, n'est nécessaire, pour la validité du transport, qu'à l'égard des tiers ; elle ne l'est pas à l'égard du cédant. La question est donc de savoir si, vis-à-vis du cessionnaire, la masse des créanciers joue le rôle d'un tiers, ou si plutôt elle ne doit pas être considérée comme tenant la place du failli, qu'elle représente. Ainsi posée, la question ne me paraît plus douteuse. — Sans doute la masse des créanciers représente le failli, mais cette représentation, établie dans l'intérêt des créanciers, ne saurait évidemment être retournée contre eux ; ils conservent, vis-à-vis de ceux qui ont traité avec le débiteur, leur qualité de tiers ; ils peuvent donc considérer comme

n'existant pas le transport non signifié : à leur égard,
la cession n'a de date, n'a de valeur, que par la signification.

S'il s'agit d'un transport à titre onéreux, il est
évident, que la question proposée ne peut s'élever,
qu'autant qu'on suppose, que le cessionnaire avait
connaissance de la cessation des payements, et que
la signification est postérieure à cette époque. Dans
ce cas-là même, le transport ne sera pas nul de droit,
il pourra seulement être annulé.

CHAPITRE II.

QUELLE EST, D'APRÈS LE CODE CIVIL, LA NATURE DE L'ACTION PAULIENNE ?

33. *Nature de l'action paulienne en droit romain.*

34. *Quelle est sa nature dans notre droit actuel ; intérêt de la question ?*

35. *Elle n'a pas, en général, été résolue en principe par les auteurs ?*

36. *Ceux qui l'ont examinée se sont placés à
un point de vue spécial.*

37. *Opinion de M. Proudhon sur la question.*

38. *Source des erreurs dans lesquelles on est
souvent tombé sur ce sujet.*

39. *Quel est, d'après son principe et son but,*

le caractère naturel que doit avoir l'action paulienne?

40. Elle peut être réelle dans certains cas.

41. Quelle est sa nature d'après le Code civil?

33. On a vu, dans la première partie de cette dissertation, qu'en droit romain, l'action donnée au créancier, pour attaquer les actes faits par le débiteur, en fraude de ses droits, était en général personnelle, et que, dans l'origine, elle n'avait jamais, selon toute vraisemblance, d'autre caractère. Ce ne fut que plus tard [1], et par exception, qu'on lui attribua, dans certains cas d'aliénations, peu nombreux sans doute, la nature et les effets d'une *actio in rem*.

34. Quelle est sa nature dans notre droit actuel? Devons-nous la considérer comme toujours personnelle? Est-elle, au contraire, quelquefois réelle? A-t-elle une nature *sui generis*, une nature mixte?

[1] Voy. *supra*, p. 13. — Gaïus, dans le quatrième comment. de ses *Institutes*, après avoir traité de l'action publicienne, ne dit rien de l'action paulienne réelle, qui dans les *Institutes de Justinien* est placée à côté de celle-ci. Il n'y a cependant, à cet endroit, dans le manuscrit de Vérone, aucune lacune. On peut donc conjecturer, avec assez de certitude, qu'au temps de ce jurisconsulte, l'action paulienne était encore toujours *in personam*; il est probable, en effet, à raison de son double caractère, qu'il en aurait parlé.

Cette question n'est pas, comme on pourrait le croire, purement théorique. Elle offre, au contraire, un grand intérêt, car de sa solution dépend celle de plusieurs questions particulières d'une importance pratique incontestable [1].

Il est impossible, d'ailleurs, d'avoir des idées nettes et exactes sur les effets de l'action révocatoire du Code civil, qui nous occupe en ce moment, si on ne s'arrête pas, avec soin, à l'examen de la nature de cette action.

35. Cependant, presque tous nos auteurs ont négligé cet examen. C'est par les solutions qu'ils donnent, sur quelques points particuliers, qu'on peut juger, par voie d'induction, de leurs idées sur la nature de l'action révocatoire ; et, il faut bien le dire, on est souvent forcé de reconnaître, à des solutions peu sûres, quelquefois contradictoires, que ces idées sont loin d'être bien arrêtées, et d'avoir toute la clarté désirable.

36. Ceux, en bien petit nombre, qui ont abordé directement la difficulté, ne l'ont résolue que d'une manière pénible et embarrassée. Au lieu de se placer

[1] Par exemple, celle de savoir si le créancier peut agir avec succès contre un sous-acquéreur, à titre onéreux, de bonne foi, tenant ses droits d'un acquéreur à titre gratuit, ou d'un acquéreur à titre onéreux, de mauvaise foi.

à un point de vue élevé et général, ils se sont presque toujours, pour déterminer la nature de notre action, placés à un point de vue tout spécial, celui des aliénations frauduleuses. Cette vue incomplète de la matière a dû nécessairement nuire à la rectitude de leurs aperçus.

37. Voici, pour n'en donner qu'un exemple, ce qu'un auteur[1], d'un grand mérite assurément, a écrit sur ce point.

« La fraude, dit-il, doit être prouvée envers son
« auteur; *sous ce point de vue, l'action est person-*
« *nelle*, et elle doit être dirigée contre le débiteur
« accusé de manœuvres coupables, *hæc actio etiam*
« *in ipsum fraudatorem datur.* Elle doit l'être aussi
« contre le tiers acquéreur, puisqu'il s'agit de le dé-
« posséder, et qu'il faut le mettre à portée de com-
« battre les preuves de fraude articulées par le
« créancier poursuivant.
« Mais, *quoique personnelle dans son principe,*
« *cette action est véritablement* IN REM SCRIPTA *dans*
« *sa fin*, puisqu'elle suit la chose, et qu'elle tend
« directement à la reprendre entre les mains d'un
« tiers possesseur, qui personnellement peut ne rien
« devoir au créancier qui agit; *permittitur ipsis cre-*
« *ditoribus, rescisa traditione, rem repetere id est*
« *dicere eam rem traditam non esse. Sous ce dernier*

[1] Proudhon, *Traité de l'Usufruit*, t. V, p. 151.

« *point de vue*, l'action du créancier obtient *un effet*
« *semblable à celui de l'action réelle*, et l'on doit la
« considérer comme *une revendication utile* de la
« chose.

« Nous disons un effet *semblable*, et non pas iden-
« tique; car le créancier, n'ayant droit de reprendre
« dans la chose ou sur la chose, que jusqu'à concur-
« rence de ce qui lui est dû, son action n'est pas *so-*
« *lidi persecutoria*, comme le serait celle du maître
« qui revendiquerait son héritage. »

Je ne chercherai pas à combattre une à une les
idées contenues dans ce passage. On peut remarquer
seulement combien elles justifient ce que j'ai avancé.
En résumé, si elles étaient exactes, il faudrait dire
que l'action paulienne est à la fois, 1° personnelle,
2° *in rem scripta*, 3° que c'est une revendication
utile, 4° qu'elle à un effet semblable à l'action réelle,
mais non un effet identique; qu'elle s'en distingue, en
ce qu'elle n'est pas *solidi persecutoria*.

Comprenne qui pourra ce langage, cette combinaison d'idées qui se repoussent, et qui ne semblent mises à côté les unes des autres qu'à défaut
de l'idée juste qui manque !

38. La source de ces obscurités est facile à découvrir. Ainsi que je l'ai dit, tous les fragments du
Digeste, sur l'action paulienne, nous la présentent
comme une action personnelle. Il n'y a que le paragraphe 6 du titre *De actionibus*, des *Institutes de*

Justinien, qui lui donnent expressément le nom et le caractère d'action réelle. Mais ce paragraphe est précisément celui qui a le plus frappé l'attention des auteurs; et, en voulant en combiner le principe avec les règles qui se trouvent dans le *Digeste*, ils ont dû nécessairement se former des idées erronées sur la nature de notre action, et lui attribuer, tantôt le caractère d'action personnelle, tantôt celui d'action réelle, tantôt, comme l'auteur précité, une nature mixte, telle que celle d'une *actio personalis in rem scripta*, ou d'une revendication utile

39. Ce qui est vrai, ce qu'il faut reconnaître pour ne pas s'égarer sur ce sujet, c'est que l'action paulienne, ainsi que je l'ai déjà observé dans la première partie de ce travail, ayant pour objet la réparation d'un dommage, d'un préjudice injustement causé, est naturellement une action personnelle. Lorsque le débiteur a fait un acte en fraude du créancier, ce dernier peut en demander la réparation, non-seulement au débiteur lui-même et à ses héritiers, qui peuvent être insolvables, mais encore aux complices du débiteur, quels qu'ils soient, et à tous ceux qui se sont enrichis, même de bonne foi, à son préjudice. La fraude, quant aux premiers; le gain, qui tend à dépouiller injustement autrui, quant aux seconds, sont la cause de l'obligation, que la loi leur impose, de réparer le préjudice éprouvé par le créancier, et le principe de l'action accordée à ce dernier.

40. Dans quelques cas cependant, notamment dans les cas d'aliénations, on comprend que la loi peut donner à l'action des créanciers, afin d'en rendre les effets plus certains, le caractère d'action réelle, et leur permettre de suivre, dans les mains des tiers acquéreurs, quels qu'ils soient, les biens aliénés par le débiteur de mauvaise foi. On considère alors l'aliénation comme non avenue, et les biens remis dans le patrimoine du débiteur sont censés n'avoir jamais cessé d'être le gage des créanciers. — C'est ce qui a lieu en effet dans les articles 446 et 447 du Code de commerce.

Ainsi l'action est naturellement personnelle; elle peut, dans certains cas, par la volonté toute-puissante du législateur, être réelle; ce n'est qu'exceptionnellement qu'elle reçoit ce dernier caractère.

41. Maintenant la question est de savoir si les rédacteurs du Code civil ont voulu admettre, comme le faisait le droit romain, du moins au temps de Justinien, une action paulienne à double caractère, tantôt personnelle, tantôt réelle, ou bien s'ils n'ont voulu, dans tous les cas, attribuer au créancier lésé par les actes frauduleux du débiteur, qu'une action personnelle.

Je crois fermement qu'il faut se prononcer dans ce dernier sens.

L'article 1167, qui pose le principe général, n'établit aucune distinction. Il autorise les créanciers, à attaquer, en leur nom personnel, les actes faits par le débiteur en fraude de leurs droits , et ne dit rien de plus. Or, il est bien certain que dans un très-grand nombre de cas, par la force même des choses, l'action, donnée aux créanciers , sera personnelle et ne sera que personnelle ; la loi ne distinguant pas, elle doit donc toujours, à moins d'une disposition spéciale de la loi , qui établisse une exception, avoir ce caractère.

L'article déclare , que l'action des créanciers est fondée , sur un droit qui leur est personnel, c'est-à-dire, sur un droit naissant en leur personne, qu'ils ne tiennent pas du débiteur lui-même, mais de la loi, qui impose aux complices du débiteur, et à tous ceux qui voudraient injustement s'enrichir aux dépens du créancier lésé, l'obligation de réparer le dommage que celui-ci a éprouvé. N'est-ce pas là encore le caractère d'une action toute personnelle?

La loi dit que les créanciers peuvent *attaquer les actes*, etc.; faut-il conclure de ces mots, que c'est l'acte lui-même, l'aliénation, par exemple, que les créanciers pourront attaquer de manière à la faire considérer comme nulle et sans effet au profit de tous, et vis-à-vis de tous, même des tiers acquéreurs quels qu'ils soient, de bonne ou de mauvaise foi, à titre gratuit ou à titre onéreux? Mais ici revient l'argument que j'ai présenté en commençant, savoir que dans un grand nombre de cas cette interprétation sera impossible; dans un grand nombre de cas, en effet, ces mots attaquer les actes ne pourront signifier autre chose que ceci, attaquer les complices des actes frauduleux, ou ceux qui, sans être complices, se sont injustement enrichis par suite de ces actes, afin d'obtenir la réparation du préjudice éprouvé. Or, la loi ne fait aucune distinction ; c'est donc cette dernière interprétation qu'il faut adopter, et adopter d'une manière générale [1].

A ces raisons viennent s'ajouter des considérations graves qui doivent être d'un grand poids.

La première résulte déjà de ce que nous avons dit précédemment : l'action paulienne est, par son principe et par son but, naturellement sinon essentiellement personnelle, ce n'est qu'exceptionnellement qu'elle pourrait être réelle ; l'exception alors devrait être prouvée : elle ne l'est pas.

La seconde tient au peu de faveur que méritent les actions résolutoires. Le premier effet de ces actions, au nombre desquelles serait l'action pau-

---

[1] J'observe, en outre, ici que les rédacteurs du Code civil ont repoussé (ainsi que je l'ai fait remarquer dans la première partie de ce travail) cette règle, admise dans notre ancienne jurisprudence, sous la préoccupation du caractère de *réalité* qu'avait parfois, en droit romain, l'action paulienne, savoir que les créanciers devaient accepter à leurs risques et périls les successions, legs, fidéicommis, etc., auxquels leur débiteur était dit avoir renoncé à leur préjudice.

lienne réelle, est en effet de rendre la propriété toujours incertaine, de placer les acquéreurs sous une perpétuelle menace de l'application de la maxime *resoluto jure dantis*, etc. Or, notre législation, telle qu'elle est, fait déjà planer, sur la propriété immobilière, assez d'incertitudes, pour que nous n'admettions pas, facilement, de nouvelles causes d'inquiétudes et de troubles pour les acquéreurs de bonne foi.

Enfin (et c'est cette considération qui paraît avoir, en quelque sorte instinctivement, déterminé plusieurs auteurs, qui, sans examiner la question générale, sont d'accord avec nous sur la solution des questions particulières), est-il juste, de traiter les sous-acquéreurs plus sévèrement, que ceux qui ont traité directement avec le débiteur de mauvaise foi; telle serait cependant la conséquence nécessaire de la *réalité* de l'action paulienne.

Les auteurs, qui admettent cette dernière conséquence, la fondent, en général, uniquement, par une véritable pétition de principes, sur la maxime *resoluto*, etc.

Le principe de la personnalité de l'action paulienne, ainsi posé et reconnu, il faudra être prudent pour n'en tirer que de justes conséquences. C'est ce que je tâcherai de faire dans les chapitres suivants. J'évite de parler ici de ces conséquences, afin de ne pas tomber dans des redites inutiles.

CHAPITRE III.

A QUELS ACTES S'APPLIQUE L'ACTION RÉVOCATOIRE?

42. *L'action paulienne s'applique à tous actes, qui ont pour effet de diminuer le patrimoine du débiteur.*

43. *Diverses classes d'actes qui ont cet effet.*

44. *Distinction, entre les actes à titre gratuit et les actes à titre onéreux ; — Elle doit être admise dans notre droit.*

45. *Mais la fraude, en général, doit, même à l'égard des actes à titre gratuit, exister* **ex parte debitoris,** *pour que les créanciers puissent intenter l'action révocatoire.*

46. *Il n'est pas indifférent de savoir, si l'acquéreur, à titre gratuit, a été ou non complice du débiteur.*

47. Quid *si la fraude existe seulement de la part de ceux qui ont traité avec le débiteur, que l'acte soit à titre gratuit ou à titre onéreux ? — Il y a lieu d'appliquer l'article 1166.*

48. *Division.*

42. L'action paulienne s'applique, en principe, à tous les actes, qui ont pour effet de diminuer le patrimoime du débiteur et, par suite, le gage commun des créanciers, quelle que soit d'ailleurs la nature de ces actes.

43. Ainsi, soit que le débiteur aliène frauduleusement tout ou partie de ses biens, meubles, ou immeubles ; soit qu'il renonce à des droits ouverts en sa faveur, et qui déjà ont fait impression sur sa personne, sont entrés dans son patrimoine ; soit qu'il contracte des obligations par convention ou autrement ; quel que soit enfin le moyen employé pour les frustrer injustement de leurs droits, les créanciers pourront, en général, attaquer l'acte frauduleux, et réclamer la réparation du préjudice qu'il leur a fait éprouver.

44. L'article 1167, rédigé d'une manière générale, n'établit aucune distinction entre les actes du débiteur ; la règle est uniforme pour tous. Cependant nous avons vu que le droit romain consacrait en cette matière une distinction fort sage, admise dans notre ancienne jurisprudence, et que nous devons aussi admettre chez nous, malgré le silence de la loi : c'est la distinction entre les actes à titre gratuit et les actes à titre onéreux. — A l'égard des premiers, il suffit que la fraude, le *consilium*, existe de la part du débiteur ; il faut, à l'égard des seconds, qu'elle existe *ex utraque parte*. — Les termes de l'article 1167 ne repoussent pas d'une manière absolue cette distinction. Ils ne l'établissent pas, sans doute, et, en général, il ne faut pas admettre des distinctions qui ne se trouvent pas dans la loi ; mais il est peu vraisemblable, ne s'étant pas expliqué, à cet égard, d'une manière explicite, exigeant la fraude sans décider si elle doit toujours exister de part et d'autre, ou seulement, dans certains cas, *ex persona debitoris*, il est peu vraisemblable, dis-je, que le législateur ait entendu rejeter une règle si ancienne, si universellement reconnue et d'une pratique si constante. Il est bien plus probable que la loi a voulu, sur ce point, maintenir, les vieilles traditions du droit romain et de notre ancien droit, qu'il a sans doute jugé inutile de rappeler d'une manière expresse, à raison, précisément, de leur grande vulgarité. Ce qui le prouve, d'ailleurs, c'est que, dans une matière spéciale, la loi prend elle même, comme nous l'avons vu, cette distinction pour base des règles particulières qu'elle établit[1]. On ne doit pas supposer, lorsque les termes de la loi n'y obligent pas, contrariété de vue dans les idées du législateur.

45. Aussi tous les interprètes sont-ils d'accord sur ce point. Mais il ne faut pas, nous l'avons déjà démontré et nous ne reviendrons pas longuement sur cette question, il ne faut pas exagérer les conséquences de cette distinction et admettre d'une manière générale, comme quelques-uns[2] l'ont fait, que tous actes, à titre gratuit, sont soumis à l'action révocatoire, même en l'absence de toute fraude. L'article 1167 repousse ce système, qui se trouve d'ail-

---

[1] Voy. Code de commerce, art. 446, 447, anc. art. 444 et *supra*, ch. 1er, § 5, IIe partie.

[2] Voy. DUVERGIER, *Notes sur Toullier*, v. 3, p. 228. — ZACHARIÆ et ses *Annotateurs*, t. II, p. 345.

leurs en opposition avec les principes anciennement admis, et avec les articles du Code de commerce précédemment analysés [1].

46. Au reste, si la fraude n'est pas nécessaire, pour que les créanciers puissent agir, contre l'acquéreur à titre gratuit, il n'est pas, à beaucoup près, indifférent de savoir, si cet acquéreur, a été, ou non, complice du débiteur.— Dans le premier cas, en effet, il pourra être poursuivi, pour le tout ; il devra les fruits, les intérêts ; il pourra même, suivant les circonstances, être condamné à des dommages-intérêts.— Dans le second cas, il ne sera tenu, que jusqu'à concurrence de ce dont la fraude du débiteur l'a enrichi ; il gardera les fruits perçus de bonne foi, et aura droit de se faire indemniser de toutes les dépenses qu'il aura faites, pour la conservation ou l'amélioration de la chose ; il sera, en un mot, traité comme possesseur de bonne foi.

47. Si la fraude existait seulement de la part de ceux qui ont traité avec le débiteur, alors il faudrait appliquer les dispositions des articles 1109, 1116, 1117, 1304 du Code civil et l'article 1166 du même Code. Le droit d'attaquer l'acte, naîtrait dans la personne même du débiteur, et pourrait être, en son nom, exercé par ses créanciers ; il n'y aurait

----

[2] Voy. la discussion de cette question dans la première partie, p. 39.

pas lieu à l'application des principes de notre théorie, mais à ceux de la subrogation judiciaire.

48. J'examinerai les questions de détail, que soulève cette partie de mon sujet, dans quatre paragraphes, savoir : § 1er. Aliénations, § 2. Renonciations, § 3. Obligations, § 4. Actes mixtes.

§ 1er. — ALIÉNATIONS.

49. *Les donations, en faveur de mariage, doivent-elles, relativement à l'action paulienne, être considérées comme des actes à titre onéreux ? Solution négative.*

50. *L'article 446 du Code de commerce est applicable à ces donations.*

51. Quid *des donations entre époux ?*

49. On a souvent agité la question de savoir, si la constitution de dot, devait être traitée, quant à l'application des principes de l'action paulienne, comme un acte à titre onéreux ou comme un acte à titre gratuit. — Dans le premier sens, on a dit, que, relativement à l'action révocatoire, on doit entendre par aliénation, par acte à titre onéreux, non pas seulement les actes de vente, d'échange, etc., mais, encore, les donations faites pour une cause qui impose au donataire des charges irrévocables ; et telle est évidemment la constitution de dot. — Les époux ont sans doute, avant de se marier, comparé les charges,

qu'ils auraient à supporter, avec les ressources qu'ils devaient trouver dans leur fortune respective. Ils ont dû compter, dans leurs biens, les donations, qui leur sont faites, en faveur de leur mariage ; s'ils sont de bonne foi, on ne peut tromper leur espoir légitime et, leur laissant les charges, leur ôter les moyens de les soutenir. L'intérêt des créanciers est très-légitime assurément, mais celui de la famille ne l'est pas moins, et on ne peut croire que le législateur ait voulu le sacrifier au premier. — La loi romaine contient d'ailleurs, sur ce point, une décision formelle, et on sait qu'en cette matière les principes du droit romain ont toujours conservé une grande autorité : *in maritum autem* QUI IGNORAVIT, disait cette loi, *non dandam actionem ;* QUUM IS INDOTATAM UXOREM *ducturus non fuerit*[1].

Mais, à ces considérations, on peut opposer, avec succès, que la loi ne fait aucune distinction ; que notre législateur, s'est montré bien plus favorable aux créanciers, que ne l'était le droit romain, qu'on ne peut, dès lors, invoquer dans cette question. La loi précitée s'explique d'ailleurs par des raisons tirées des principes particuliers de la législation romaine en matière de dot et sans application dans notre droit. — Enfin, quelque légitime que soit l'intérêt des époux et de la famille, il ne faut pas oublier, que l'action révocatoire ne tend qu'à leur enlever un

---

[1] VENULEIUS, fr. 25, § 1, D. *Quæ in fraud. cred. fac.*

gain illicite, qui a pour principe la fraude, et dont ils ne peuvent, de bonne foi, demander la conservation ; *certant de lucro captando*, tandis que les créanciers *certant de damno vitando.*

50. Il n'est pas douteux, d'ailleurs, que le principe exceptionnel, de l'article 446 du Code de commerce, doit s'appliquer même aux donations en faveur de mariage. C'est une raison de plus, pour appliquer, dans le droit commun, à ces donations, les principes généraux.

51. Les donations entre époux, faites soit par contrat de mariage, soit durant le mariage, tombent également sous l'application des principes ordinaires de l'action paulienne.

§ 2. — RENONCIATIONS.

Art. 1er. — Renonciation de l'usufruitier.

52. *Renonciation par l'usufruitier à son droit d'usufruit.*

53. *Le père peut-il renoncer, au préjudice de ses créanciers, au profit de ses enfants, à l'usufruit légal qu'il a sur les biens de ces derniers ?*

Art. 2. — Renonciation de l'héritier.

54. *Renonciation à une succession par l'héritier débiteur. — Quand s'applique l'article 788.*

Art. 3. — Renonciation par la femme ou les héritiers à la communauté. — Renonciation à la prescription.— Restitution anticipée d'une substitution fidéicommissaire.

Art. 1er. — Renonciation de l'usufruitier.

52. Si la renonciation de l'usufruitier est faite moyennant un prix, alors ce n'est plus un acte à titre gratuit, ce n'est plus une renonciation proprement dite ; il faudra appliquer simplement l'article 1167.

Si, comme il faut le supposer, la renonciation est gratuite, et si elle n'est pas encore acceptée, les créanciers peuvent agir en vertu de l'article 1166, et obtenir, par une subrogation judiciaire, l'exercice d'un droit dont le débiteur n'est pas encore dépouillé.

Enfin, si la renonciation est gratuite et acceptée, c'est alors le cas d'appliquer le principe exceptionnel de l'article 622. Nous avons déjà développé ce principe.

53. Déjà, dans notre ancien droit, on avait sou-

levé la question de savoir, si la renonciation que ferait un père, à son usufruit légal, sur les biens de son enfant, et au profit de ce dernier, devait tomber sous l'application des principes ordinaires de l'action révocatoire. Ce point était très-controversé par nos vieux auteurs, et plusieurs arrêts furent rendus en sens divers [1]. Elle présentait alors, surtout dans les pays de droit écrit, et à raison de la durée qu'avait l'usufruit légal, bien plus d'intérêt qu'aujourd'hui.

Devons-nous, sous le Code civil, appliquer, à ce cas particulier de renonciation, la règle spéciale de l'article 622? faut-il, au contraire, lui appliquer les principes généraux; et, dans ce dernier cas, cette renonciation doit-elle être considérée comme un acte à titre gratuit, ou comme un acte à titre onéreux?

Je crois qu'il faut distinguer entre la renonciation expresse à laquelle il faut, selon moi, appliquer la loi commune, l'article 622, et la renonciation tacite, indirecte, résultant de l'émancipation. Dans ce dernier cas, l'acte principal n'est pas la renonciation, qui n'est qu'une conséquence légale, que l'accessoire de l'émancipation; obligés d'attaquer celle-ci, les créanciers ne pourront recourir à l'article 622; ils devront invoquer le principe général, c'est-à-dire l'article 1167.

____

[1] Voy. CATELAN, *Décis.*, liv. VI, ch. XIV.

Art. 2. — Renonciation de l'héritier.

54. Si la renonciation, faite par l'héritier débiteur, n'a pas été suivie d'acceptation par un autre héritier, les créanciers peuvent, en vertu de l'article 1166, et sans recourir à l'article 788, exercer le droit que l'article 790 accorde à l'héritier renonçant.

Si la renonciation était faite à titre onéreux, il faudrait appliquer l'article 1167, et non l'article 788, qui ne se réfère qu'aux renonciations pures et simples.

55. La loi veut que le créancier, qui se prétend lésé par la renonciation de son débiteur, se fasse autoriser, en justice, à accepter, à sa place, la succession. Toutefois, il ne s'agit pas, ici, d'une véritable acceptation, qui investirait les créanciers du titre d'héritiers, et les soumettrait à l'obligation de payer les dettes. Nous avons vu, que les rédacteurs du Code avaient repoussé, à cet égard, une idée, admise dans notre ancien droit, et reproduite dans le projet de la commission de l'an VIII, et plusieurs des projets qui suivirent.

Notre article, veut dire seulement, que les créanciers, avant d'attaquer la renonciation, devront s'adresser aux tribunaux, pour établir la justice de leur prétention, pour prouver que la renonciation leur est préjudiciable, c'est-à-dire que leur débiteur est insolvable et la succession avantageuse. Il n'est pas douteux, en effet, que si l'héritier renonçant est solvable, les juges devront refuser leur autorisation.

56. Mais pourront-ils également la refuser, si la succession est mauvaise, notoirement mauvaise?

Cette question, que les auteurs ont soulevée, ne se présentera que bien rarement dans la pratique. Il me semble que sa solution est très-simple, si la succession est absolument mauvaise, qu'aucun doute ne puisse s'élever à cet égard, les juges peuvent et doivent, à mon sens, refuser l'autorisation, car les créanciers sont sans droit. S'il y a doute, les inventaires et autres actes l'auront bientôt levé, et on pourra mettre à la charge des créanciers les frais qu'ils auront occasionnés par suite d'une demande qu'ils devaient reconnaître mal fondée.

57. L'article 788 est-il applicable aux legs, ou bien faut-il, dans ce cas, recourir aux principes généraux? Cette question, qui se présente dans le système que nous avons adopté sur l'interprétation des divers articles du Code, concernant l'action paulienne, ne peut se présenter, au contraire, ni dans les systèmes qui expliquent l'article 788 par l'article 1167, ni dans ceux qui, en sens opposé, étendent la règle de notre article à tous les actes à titre gratuit, ou, au moins, à tous les actes de renonciation. Il est évident, pour les premiers, qu'il faut appliquer à la

renonciation du légataire l'article 1167 ; et , pour les seconds, il n'est pas moins certain qu'il faut appliquer le principe exceptionnel de l'article 788.

Pour nous, qui avons vu dans les articles 622, 788, 1053, 2225 des présomptions spéciales établies pour des cas exceptionnels, nous devons nous demander si nous devons étendre celle de l'article 788 aux legs.

Malgré le principe rigoureux tiré, en matière de présomptions légales, de l'article 1350, nous n'hésitons pas à nous décider ici pour l'affirmative ; la similitude des cas est frappante, et les articles 784 et suivants s'appliquent d'ailleurs, en général, en matière de succession testamentaire aussi bien qu'en matière de succession *ab intestat*. Nous avons vu d'ailleurs que le Code présume, en général, les renonciations frauduleuses.

58. La renonciation n'est annulée qu'au profit des créanciers[1] : nous verrons, en effet, d'une manière générale, dans le chapitre vii, que la révocation ne produit que des effets relatifs. Nous renvoyons à ce chapitre la discussion de la question de savoir si l'héritier dépossédé, et plus généralement le défendeur à l'action paulienne, a son recours contre le débiteur. Nous verrons qu'il faut ré-

---

[1] Voy. art. 788, deuxième alinéa.

soudre cette question , très-controversée entre les auteurs, par l'affirmative.

Je renvoie aussi, aux chapitres suivants, l'examen du point de savoir, si les créanciers, postérieurs à la renonciation , peuvent l'attaquer, ou, tout au moins, profiter de la révocation obtenue. Ces questions, comme la précédente, dépendent en effet d'une question plus générale.

ART. 3. — RENONCIATION A LA COMMUNAUTÉ. — RENONCIATION A LA PRESCRIPTION. — RESTITUTION ANTICIPÉE D'UNE SUBSTITUTION.

59. Je n'ai rien à ajouter ici aux développements que j'ai donnés précédemment et auxquels je me contente de renvoyer. Je renvoie également aux chapitres suivants les questions générales sur les effets de la révocation et les personnes qui peuvent l'obtenir, ou contre lesquelles elle peut être obtenue.

§ 3. — OBLIGATIONS.

60. *L'action paulienne s'applique aux obligations aussi bien qu'aux aliénations.*

61. *Il faut appliquer aux obligations la distinction établie entre les actes à titre gratuit et les actes à titre onéreux.*

62. *Peu importe la nature du fait juridique qui a donné naissance à l'obligation.*

63. *L'acceptation de l'héritier débiteur peut-elle être attaquée comme frauduleuse? — Article 881 du Code civil. — Développements.*

64. *Quid à l'égard de l'acceptation de la communauté?*

60. Le débiteur, en se soumettant à de nouvelles obligations, en appelant de nouvelles personnes à concourir au partage de sa fortune obérée, peut aussi bien, et plus facilement que par des aliénations ou des renonciations, faire fraude à ses créanciers. Les termes généraux de l'article 1167, comme les termes de l'édit, doivent donc, sans aucun doute, s'appliquer à tous les actes, qui ont pour objet, de créer, au débiteur déjà insolvable, ou sur le point de l'être, de nouvelles dettes : *sive se obligavit fraudandorum creditorum causa,* dit Ulpien[1], *palam* est, *edictum locum habere.*

61. La distinction, que nous avons admise, entre les actes à titre gratuit et les actes à titre onéreux, doit ici, comme pour les actes translatifs de propriété, recevoir son application.

62. Peu importe que l'obligation soit contractuelle, qu'elle naisse de la convention des parties, ou de toute autre cause, de tout autre fait juridique, générateur d'obligations, tel qu'un quasi-contrat, un délit, un quasi-délit.

Ce qu'on doit rechercher, c'est le principe qui a dirigé la volonté des parties, le but qu'elles se sont

____

[1] Fr. 3, pr. D. *Quæ in fraud. cred. fac.*

proposé d'atteindre, non les moyens qu'elles ont employés.

63. Ainsi, l'acceptation frauduleuse d'une succession obérée, par le débiteur insolvable, ou près de le devenir, pourra être attaquée, par le créancier, non moins que la renonciation à une succession avantageuse. Avec cette différence, toutefois, que la présomption de fraude qui existe, selon nous, dans le dernier cas, n'existe pas dans le premier.

Par le quasi-contrat d'acceptation, l'héritier se soumet, en effet, au payement des dettes du défunt ; si ces dettes sont supérieures à l'actif, les créanciers de l'héritier éprouveront nécessairement un préjudice, qu'ils devront subir s'il n'est pas la conséquence de la fraude, mais qu'ils pourront repousser s'il est la suite du dol.

« Les créanciers de la succession, » nous dit le judicieux Pothier[1], « peuvent bien demander la sépara-« tion des biens de la succession d'avec ceux de l'hé-« ritier ; au contraire, les créanciers de l'héritier ne « peuvent pas demander, contre ceux de la succession, « qu'on leur sépare les propres biens de l'héritier. « Ulpien en rapporte une raison bien décisive : *nam,* « dit-il, *licet alicui adjiciendo creditorem, creditoris* « *sui deteriorem facere conditionem*[2] ; pourquoi un

---

[1] *Traité des Successions*, ch. v, art. iv.
[2] Voy. fr. 1, § 2, D, *de Separat.*

« débiteur qui accepte une succession onéreuse, ne
« pourrait-il pas contracter, au préjudice de ses
« créanciers, la dette qu'il contracte envers les créan-
« ciers de la succession, par cette acceptation, de la
« même manière qu'il peut contracter, au préjudice
« de ses créanciers, toute autre dette pour quelque
« cause que ce soit? *Néanmoins, plusieurs pensent*
« *que, selon notre jurisprudence, les propres créan-*
« *ciers de l'héritier peuvent aussi demander la sé-*
« *paration des biens, lorsque leur débiteur a accepté*
« *une succession onéreuse en faveur de leur créan-*
« *cier.* »

Puis il ajoute :

« *Si un débiteur insolvable, acceptait une succes-*
« *sion, notoirement mauvaise, de manière qu'il parût*
« *qu'il l'a fait* EN FRAUDE DE SES CRÉANCIERS, *je pense*
« *que ce serait le cas auquel les créanciers pour-*
« *raient demander la séparation de ses propres biens*
« *d'avec ceux de la succession, en faisant rescinder*
« *cette acceptation, et l'obligation contractée, par leur*
« *débiteur,* EN FRAUDE DE LEURS CRÉANCES, *envers les*
« *créanciers de la succession ; car tout ce qu'un débi-*
« *teur fait en fraude de ses créanciers peut être res-*
« *cindé, même les obligations qu'il contracte.* »

L'article 881 du Code civil a eu pour objet de
trancher cette controverse, soulevée dans notre ancienne jurisprudence, et dont nous parle Pothier
dans la première partie du passage précité.

« Les créanciers de l'héritier, dit cet article, ne sont
« point admis à demander la séparation des patri-
« moines contre les créanciers de la succession. »

Mais cet article laisse intacte la question de fraude,
qu'il faut résoudre comme le faisait Pothier. C'est
bien à tort, à mon sens, que quelques auteurs ont
voulu donner à l'article 881 du Code civil un sens
absolu. Cet article s'explique parfaitement par la
controverse qui avait divisé nos anciens auteurs; il a
eu pour objet de l'écarter, voilà son seul but. Quant
à la fraude, il n'avait pas à en parler; l'article 1167,
le principe général, suffisait. Le législateur ne doit
pas résoudre les espèces particulières qui rentrent
sous l'application des règles communes.

Ajoutons, cependant, qu'il ne suffirait pas, pour
que les créanciers fussent fondés à agir, que l'héritier débiteur connût sa position obérée, et connût
aussi le mauvais état des affaires du défunt. La règle
générale, que nous avons posée en traitant de la nature de la fraude[1], et qui n'est d'ailleurs qu'une règle
d'interprétation, ne peut ici être justement appli-
quée. On ne peut pas dire que l'acceptation de l'héritier n'est pas exempte de dol, *non carere dolo*, par
cela seul qu'il sait qu'elle doit préjudicier à ses
créanciers. Les motifs les plus honorables peuvent
le déterminer à subir le fardeau des charges laissées
par le défunt.

[1] Voy. supra, n° 1.

7

64. L'acceptation de la communauté, par la femme ou ses héritiers, ne peut point, en général, causer dommage aux créanciers, puisque, d'après l'article 1483, la femme n'est tenue, par son acceptation, des dettes de la communauté, soit à l'égard du mari, soit à l'égard des créanciers, que jusqu'à concurrence de son émolument.

Il en serait autrement, toutefois, dans le cas de stipulation de reprise d'apport[1], et alors, il faudrait appliquer, comme dans le cas précédent, le principe général. C'est aussi ce que reconnaît Pothier : « Quoi-
« que la femme, dit-il, qui a accepté la communauté
« ne puisse plus y renoncer ; néanmoins, si elle a fait
« cette acceptation en fraude de ses créanciers, pour
« décharger les héritiers de son mari de la reprise de
« son apport, stipulée par le contrat de mariage, en
« cas de renonciation à la communauté, les créanciers
« de la femme peuvent, en ce cas, sur la demande par
« eux formée contre les héritiers du mari, faire dé-
« clarer nulle et frauduleuse l'acceptation de la com-
« munauté faite par la femme, et, sans y avoir égard,
« exercer la reprise de l'apport de la femme, leur dé-
« bitrice, en leur abandonnant toute la part de la
« femme en la communauté. »

Les mêmes principes reçoivent leur application à l'égard des héritiers de la femme.

---

[1] Voy. art. 1514, C. civ.

§ 4. — ACTES DIVERS.

65. *L'action révocatoire s'applique à tous autres actes quelconques, transactions, remises, mainlevées, acquiescements, etc.*

66. *Elle s'applique aux jugements que le débiteur a laissés rendre contre lui en colludant avec les adversaires.*

65. Enfin, nout dit encore le jurisconsulte Ulpien[1], tous autres actes, quelle que soit leur nature, d'où peut résulter un préjudice pour les créanciers, transactions, remises de dettes, novations, acquiescements, etc., tombent sous l'application de l'édit. « *Quodcumque fraudis causa factum est, videtur his verbis revocari qualecumque fuerit :* NAM LATE ISTA VERBA PATENT. *Sive ergo.... acceptilatione vel pacto aliquem liberavit,.... vel si pignora liberet, vel quem in fraudem creditorum præponat... etiam si forte data opera ad judicium non adfuit, vel litem mori patiatur, vel a debitore non petit, ut tempore liberetur, aut usumfructum vel servitutem amittit.... ad hoc edictum pertinet.* »

Les termes de l'article 1167 ne sont pas moins larges, moins compréhensifs que ceux de l'édit du préteur romain ; ils permettent par conséquent de poursuivre la fraude partout où elle chercherait à se faire jour.

---

[1] Fr. 1, 2, 3. D. *Quæ in fraud. cred. fac.*

66. Il n'est donc pas douteux que l'action paulienne s'applique, chez nous, même aux jugements qui
dépouilleraient le débiteur, et qu'il aurait laissés
rendre contre lui, en colludant avec ses adversaires.
— Si des voies sont encore ouvertes, contre ces jugements, au profit du débiteur lui-même, les créanciers pourront, sans recourir à l'action révocatoire,
agir conformément à l'article 1166.—Dans le cas contraire, ils attaqueront le jugement par voie de tierce
opposition. Cette voie, est en effet ouverte à toute
personne, qui se dit lésée par une sentence judiciaire,
rendue, sans qu'elle ait été appelée, ou représentée,
dans l'instance. — Les créanciers sont lésés, on le suppose; ils n'ont pas été appelés, on doit le supposer
encore, et on ne peut pas dire, assurément, qu'ils ont
été valablement représentés, par un débiteur, qui
colludait avec ses adversaires, pour leur nuire.

CHAPITRE IV.

QUELLES PERSONNES PEUVENT DEMANDER LA RÉVOCATION?

67. *Tous les créanciers, hypothécaires, privilégiés ou simplement chirographaires, peuvent
intenter, en général, l'action paulienne.*

68. *Ce droit, toutefois n'appartient, qu'aux
créanciers dont les droits sont antérieurs à
l'acte argué de fraude.*

69. *Les créanciers postérieurs peuvent-ils profiter
de la révocation obtenue? Non, renvoi.*

70. *Les créanciers conditionnels ne peuvent, avant*

la réalisation de la condition, intenter l'action révocatoire.

71. Quid *à l'égard des créanciers à terme ?*

67. La révocation des actes, faits par le débiteur de mauvaise foi, peut être demandée par tous créanciers, hypothécaires, privilégiés ou simplement chirographaires. Les garanties particulières, que quelques-uns peuvent avoir, ne sont, ni une condition nécessaire, pour l'exercice de l'action, ni un motif d'exclusion. Il est seulement manifeste, que le créancier, qui aura ses droits parfaitement sauvegardés par un privilége ou une hypothèque valables, ne tentera par un recours périlleux et inutile : il pourrait, en effet, être repoussé, s'il était démontré, que ses droits ne sont nullement en danger, puisque alors il ne serait pas vrai de dire que l'acte du débiteur a été fait à son préjudice.

68. C'est aussi, parce que le préjudice est l'élément fondamental de l'action révocatoire, qu'on doit décider, que cette action n'appartient qu'aux créanciers antérieurs à l'acte argué de fraude. — Ceux qui ne peuvent établir, d'une manière régulière, l'antériorité de leur droits, ne peuvent, par cela même, établir, qu'un préjudice leur a été causé ; ils doivent, par conséquent, être repoussés de leur demande, soit faute de droit, si l'antériorité n'existe pas en effet, soit faute de preuve, si elle existe, mais ne peut être démontrée : *idem est non esse et non probari.*

Il faut donc évidemment généraliser une règle qui se trouve exprimée d'une manière explicite par l'article 1053, dans un cas spécial, mais qui n'est qu'une déduction logique des principes de la matière. Elle ne se trouve d'une manière expresse, dans l'article précité, que parce que cet article n'est lui-même que la reproduction textuelle, quoique abrégée, de l'article 42 de l'ordonnance de 1747 [1].

69. Mais les créanciers postérieurs peuvent-ils au moins profiter de la révocation obtenue? Cette question est très-controversée. La plupart des auteurs admettent l'affirmative par suite de l'idée, selon moi inexacte, qu'ils se forment de la nature de l'action paulienne. Je crois qu'on doit la résoudre négativement; j'en renvoie la discussion au chapitre VII, où elle trouvera sa place naturelle.

70. Les créanciers à terme et les créanciers sous condition peuvent-ils, avant la réalisation de l'une et l'arrivée de l'autre, intenter l'action révocatoire? La question ne me paraît aucunement douteuse à l'égard des créanciers conditionnels. — Sans doute ils peuvent, aux termes de l'article 1180, *exercer tous les actes conservatoires de leurs droits;* mais quelque latitude, quelque extension qu'on donne à ces termes, quelque compréhensifs qu'on les fasse, ils ne le seront jamais assez, pour qu'on puisse les appliquer à

[1] Voy. cet article *supra*, p. 17.

l'action révocatoire, qui est éminemment un acte d'exécution.

71. A l'égard des créanciers à terme, il faut en général décider de même : on ne saura qu'à l'échéance du terme si le débiteur est insolvable, et par conséquent s'il y a préjudice. Toutefois si le terme était très-rapproché, l'insolvabilité certaine, la fraude évidente, les juges pourraient, sans doute, à raison des circonstances, considérer aussi le préjudice comme déjà certain, et permettre d'intenter l'action révocatoire; surtout s'il y avait danger manifeste, pour les créanciers, à en retarder l'exercice.

CHAPITRE V.

72. *Elle ne peut l'être contre le débiteur ou ses héritiers.*

73. *Elle peut être dirigée contre tous ceux qui ont coopéré à l'acte argué de fraude, d'une manière quelconque, ou seulement qui ont trouvé dans cet acte l'occasion d'un gain injuste.*

74. Quid *à l'égard des sous-acquéreurs? distinctions; — développements.*

75. Quid *dans le cas des articles 446 et 447 du Code de commerce?*

76. Quid *à l'égard des créanciers hypothécaires?*

72. Il ne peut être question, chez nous, d'une action paulienne dirigée contre le débiteur lui-même. Sans doute, si le débiteur se rend coupable de fraude au préjudice des créanciers, ceux-ci pourront lui réclamer, s'il devient dans la suite solvable, des dommages-intérêts ; mais il n'y aura lieu d'appliquer, à cet égard, que les principes les plus ordinaires du droit commun.

73. L'action paulienne peut être intentée, contre tous ceux qui ont traité avec le débiteur de mauvaise foi, qui ont coopéré avec lui, d'une manière quelconque, à l'acte argué de fraude, ou seulement qui ont profité de cet acte, qui y ont trouvé l'occasion d'un gain injuste.

Elle se donne également contre les héritiers de ces personnes, qui, succédant à leurs obligations, succèdent, par conséquent, à l'obligation particulière qui sert de base à l'action révocatoire.

74. La question capitale, qui se présente ici, est celle de savoir, si cette action peut aussi être dirigée contre les successeurs à titre particulier, contre les sous-acquéreurs.

C'est en effet l'une des plus controversées de la matière.

Pour nous la solution se trouve préparée et, en quelque sorte, implicitement commandée, par la discussion à laquelle nous nous sommes livrés, sur la nature de l'action que le Code civil accorde, dans l'article 1167, aux créanciers.

J'ai dit, que je croyais que cette action était toujours personnelle ; qu'elle reposait sur une obligation, l'obligation de réparer le préjudice ressenti par le créancier. Donc, si le sous-acquéreur est de bonne foi et s'il a acquis à titre onéreux, il ne peut être recherché, car aucune obligation ne naît en sa personne, et on ne peut lui appliquer la règle *resoluto jure dantis*, etc., puisque l'action, intentée contre le premier acquéreur, n'est que personnelle, et n'a point pour résultat d'anéantir un droit de propriété, qui a pu être valablement transmis.

Mais si le sous-acquéreur est lui-même de mauvaise foi, ou s'il a acquis à titre gratuit, alors l'obligation naît en sa personne, comme elle est née dans la personne du premier acquéreur, et l'action peut justement être dirigée contre lui. — Peu importe, en effet, qu'il y ait contact médiat ou immédiat avec le débiteur de mauvaise foi ; tant que la chaîne n'est pas brisée par une acquisition irréprochable, les mêmes principes sont applicables, car les mêmes motifs existent.

Nous sommes ainsi conduits, par l'application des principes, à résoudre cette question, comme plusieurs l'avaient fait avant nous, mais sans montrer peut-être, d'une manière suffisamment claire, l'enchaînement d'idées, qui la rattache, étroitement, à la question plus générale de la nature de l'action paulienne, sous le Code civil.

75. La solution que j'admets ici ne m'empêche pas, au surplus, de reconnaître que, dans quelques cas, tels que ceux prévus par les articles 446 et 447 du Code de commerce, l'acte étant complétement nul ou annulé, on peut appliquer aux sous-acquéreurs la maxime *resoluto, etc.* : on en fait alors une juste application. —La volonté de la loi est toute puissante, et il y avait d'ailleurs dans ce cas de justes raisons de s'écarter des principes ordinaires. L'action qu'intentent les créanciers en vertu des articles 446 et suivants, précités, n'est pas l'action en révocation du Code civil, c'est une action fondée sur un principe analogue, mais qui, par une faveur spéciale, a des effets plus larges.

Les aliénations dont il est question dans ces articles se placent, d'ailleurs, presque toujours, dans un espace de temps assez court. Le danger est donc moindre, car il y aura, en général, peu de sous-acquéreurs, ou si, par exception, il y en a plusieurs, ces aliénations, successives et rapprochées, sont un violent indice de fraude qu'on a dû réprimer par des dispositions plus rigoureuses.

76. Dans l'expression de *sous-acquéreurs*, nous comprenons, aussi bien ceux, auxquels de simples

droits réels, des démembrements de la propriété, usufruit, hypothèque, etc., ont été concédés, que le sous-acquéreur de la propriété même. Cette observation permet de résoudre sans difficulté, au moyen des distinctions précédentes, la question de savoir, quel sera le sort de l'hypothèque, consentie à un créancier, de bonne ou de mauvaise foi, par celui qui a traité avec le débiteur.

CHAPITRE VI.

QUELLE EST LA DURÉE DE L'ACTION RÉVOCATOIRE ?

77. *Durée de l'action paulienne en droit romain.*

78. *Sa durée sous le Code civil. — Trois systèmes.*

79. *Discussion de la question. — L'action dure trente ans.*

80. *Point de départ du délai.*

77. Nous avons vu qu'en droit romain, le délai de l'action paulienne, était celui de l'année utile, dont la computation varia si souvent dans le Bas-Empire, et que Justinien transforma en un délai fixe de quatre ans.

78. Trois opinions se sont élevées sur la question de savoir quelle est, sous le Code civil, la durée de l'action accordée au créancier, pour attaquer les

actes, faits par le débiteur, en fraude de ses droits. La loi, garde, en effet, le silence sur ce point, comme sur tant d'autres qu'il eût été important de régler.

Un premier système abandonne le délai à l'appréciation du juge; mais il est évident que la loi seule peut le fixer, et, qu'à défaut de règle spéciale, nous devons chercher, dans les règles générales de la matière, la solution de la question.

79. Cela posé, faut-il admettre que l'action durera trente ans, conformément au principe commun de l'article 2262 du Code civil? faut-il, au contraire, considérer l'action accordée par l'article 1167 comme une action rescisoire tombant, pour la fixation de sa durée, dans les termes et sous la règle de l'article 1304?

Nous n'hésitons pas à nous prononcer pour la première de ces deux opinions, et la solution que nous donnons ici, doit encore être considérée comme une déduction logique des principes que nous avons admis, sur la nature de l'action paulienne du Code civil.

Les créanciers qui intentent cette action ne se fondent en effet sur aucune cause de rescision ordinaire; on doit même supposer qu'aucune cause semblable n'existe, à l'égard de l'acte argué de fraude, car autrement les créanciers pourraient s'en prévaloir, en vertu de l'article 1166, et n'agiraient que subsidiairement en révocation, en vertu de l'article 1167. — Les créanciers fondent leur prétention sur un droit né en leur personne, sur un droit qu'ils tiennent de la loi et qui a pour cause le dommage par eux éprouvé, pour corrélatif l'obligation, de la part des complices du débiteur et de tous ceux qui ont injustement profité de la fraude, de réparer ce dommage. — La loi ne fixant aucun délai spécial pour l'exercice de ce droit, pour la poursuite de cette obligation, ce délai doit être celui qu'a tout créancier pour un droit de créance ordinaire, c'est-à-dire trente ans. Ces déductions, malgré la contradiction des auteurs les plus estimés, nous semblent certaines et irréprochables.

80. Le point de départ du délai sera l'acte argué de fraude et non le moment où le créancier en aura connaissance. Nous repoussons, en cette matière, toute application de la règle spéciale de l'article 1304.

CHAPITRE VII.

QUELS SONT LES EFFETS DE LA RÉVOCATION OBTENUE?

81. *Les effets de l'action révocatoire sont, en général, purement relatifs.*

82. *Ambiguïté des expressions* ACTION RÉVOCATOIRE, RÉVOCATION.

83. *Sens divers qu'elles peuvent avoir.*

84. *Questions*.

85. *Les créanciers postérieurs à l'acte argué de fraude, peuvent-ils profiter de la révocation? Solution négative.*

86. *Le défendeur à l'action paulienne qui a succombé, a-t-il son recours contre le débiteur? Solution affirmative.*

81. Les effets de l'action révocatoire accordée au créancier par le Code civil, sont, en général du moins, purement relatifs. Nous sommes déjà revenu plusieurs fois sur ce point important, qu'il ne faut jamais perdre de vue.

82. Les expressions *action révocatoire*, *révocation*, employées surtout par les auteurs modernes [1] pour désigner l'action paulienne et l'objet qu'elle se propose, sont peu satisfaisantes. Je m'en suis servi néanmoins parce qu'elles ne m'ont pas paru absolument inexactes, et qu'il est périlleux, et d'ailleurs peu commode, d'adopter un langage différent de celui qu'une longue habitude a consacré. Mais je me suis efforcé, autant que possible, de me soustraire à l'influence, fâcheuse, que ces expressions semblent avoir eue, sur les idées, que les auteurs se sont formées, de la nature et des effets de l'action, que le

---

[1] L'expression *revocari* était aussi employée par les jurisconsultes romains, au sujet de l'action paulienne. Voy. *passim* le titre *Quæ in fraud. cred. fac.* ».

Code civil accorde au créancier, pour attaquer les actes frauduleux du débiteur.

83. Les mots *révocation, action révocatoire* présentent, en effet, à l'esprit l'idée d'un retour, d'une remise de la chose ou des choses dans l'état où elles étaient d'abord. Entendue avec sagesse, et dans un sens purement relatif, cette idée peut parfaitement s'appliquer à l'action accordée aux créanciers par l'article 1167 du Code civil. Le but de cette action, étant de faire obtenir, au créancier, la réparation du préjudice qu'il ressent, par suite de l'insolvabilité du débiteur et de la diminution frauduleuse de son patrimoine, on peut dire, en effet, qu'elle a pour objet de rétablir fictivement, à l'égard du créancier, ce patrimoine, dans l'état où il se trouvait, avant l'acte argué de fraude ; de révoquer, en un mot, cet acte, de manière à lui enlever les conséquences, contraires à l'équité, qu'il aurait pour le créancier, si on ne l'autorisait à l'attaquer.

Mais si on va plus loin, et malheureusement on l'a fait, si on prend ces expressions à la lettre, *verbotenus*, dans un sens absolu, on est bientôt conduit à des conséquences que les textes ou la logique désavouent. On arrive à poser des règles qui ne sont que de véritables pétitions de principe, et qui, en outre, parfois, ont l'inconvénient d'être peu d'accord entre elles.

84. Cette observation était nécessaire, avant d'exa-

miner quelques questions qui nous restent à traiter, sur les effets de l'action révocatoire.

La solution de ces questions ne sera pour nous que la déduction de principes déjà admis et développés.

Nous avons vu que les créanciers, antérieurs à l'acte argué de fraude, étaient seuls admis à l'attaquer. Tous les auteurs sont à peu près unanimes sur ce point[1].

On est encore parfaitement d'accord sur une autre règle, qui n'est, évidemment, que la suite de la précédente, à savoir, que le défendeur à l'action paulienne, peut, en indemnisant les créanciers antérieurs, soustraire l'acte aux conséquences de cette action.

85. Mais, on se sépare sur le point de savoir, si les créanciers, postérieurs à l'acte, (qui n'ont pu, par conséquent, l'attaquer, qui ne pourraient même se plaindre, si les créanciers antérieurs, indemnisés par le défendeur, renonçaient à poursuivre l'action), on se sépare, dis-je, sur la question de savoir si ces créanciers pourront, une fois l'action intentée avec succès, concourir avec les créanciers antérieurs, et profiter d'une révocation qu'ils auraient vainement sollicitée. — La plupart des auteurs décident qu'ils

---

[1] Cette règle, nous l'avons vu, n'est qu'une conséquence de la nature de l'action paulienne. Voy. *supra*, n° 68.

peuvent concourir, que la révocation profite indistinctement à tous les créanciers antérieurs ou postérieurs à l'acte, et ils fondent leur sentiment sur cette unique raison que, par suite de la révocation, les biens rentrent dans le patrimoine du débiteur, redeviennent le gage commun et doivent être également partagés.

Il y a, à la fois, si je ne me trompe aveuglément, dans cette solution, et une pétition de principe et une contradiction.

La pétition de principe est évidente. On part en effet, pour résoudre la question, du point qu'il s'agirait de démontrer, et qu'on laisse de côté, pour se borner ensuite à une pure affirmation.

Il est clair que si les biens du débiteur[1], par suite de l'action paulienne, rentrent dans son patrimoine, ils doivent se partager entre tous les créanciers; c'est ce qui arrive notamment dans le cas des articles 446 et 447 du Code de commerce. Mais la difficulté, précisément, est de savoir s'ils y rentrent, comme on le dit, comme on le répète sans cesse, sans le démontrer jamais. Or nous avons vu, dans les développements que nous avons donnés, sur la nature de l'action paulienne, que cette action ne tend qu'à réparer un préjudice déterminé, éprouvé par une personne déterminée; qu'elle a sa base

---

[1] J'emploie ici cette expression dans son sens le plus étendu.

dans une obligation, et que par conséquent, à moins d'une disposition précise de la loi, il ne s'opère aucun retour; il y a seulement lieu à une réparation de dommage.

Quant à la contradiction, elle me paraît également bien certaine. D'une part, en effet, on reconnaît qu'il y a obligation, pour le défendeur à l'action paulienne, de réparer le préjudice ressenti par les créanciers antérieurs à l'acte frauduleux. On reconnaît, par conséquent, à ces créanciers un droit qui n'appartient qu'à eux, puisqu'ils peuvent et doivent y renoncer s'ils sont indemnisés, et, un moment après, on abandonne cette idée, et on fait produire à l'action, personnelle dans son principe, dans son origine, dans sa cause, dans quelques-uns de ses effets, les conséquences d'une action réelle. Pour être logique, pour être conséquent jusqu'au bout, que n'admet-on aussi que les créanciers antérieurs seront obligés de partager les indemnités par eux reçues, de les remettre dans la masse commune? Nul auteur n'a osé, à ma connaissance, aller jusque-là.

Ces contradictions, ces idées obscures ou peu exactes, j'en ai indiqué la source; elles tiennent à des notions erronées, selon moi, sur la nature de l'action révocatoire. Par malheur, les expressions *révocation*, *action révocatoire* ne tendent, je le crains bien, qu'à les perpétuer.

Tenons, quant à nous, pour certain que les

créanciers postérieurs n'ont aucunement le droit de profiter de la révocation obtenue par les créanciers antérieurs. C'est bien vainement qu'on oppose que décider ainsi, c'est établir un droit de préférence qui n'est pas dans la loi. Il ne peut être question de droits de préférence, que sur les biens du débiteur, et le droit qu'intente le créancier, en vertu de l'article 1167, n'a jamais fait partie de ces biens ; il est né dans la personne même du créancier, par suite d'un fait, qui, bien loin d'attribuer au débiteur un droit, lui impose une obligation.

Nous ne saurions trop insister sur ces idées qui sont, il faut bien le reconnaître, présentées par les auteurs avec une confusion déplorable.

Je vais répondre ici, à une objection, qu'on sera peut-être tenté de me faire. En attribuant à l'action paulienne de l'article 1167 des effets purement relatifs, vous arrivez, me dira-t-on, à la conséquence suivante, qui certainement n'était pas dans la pensée du législateur, savoir, qu'au cas d'aliénation frauduleuse, les créanciers de l'acquéreur pourront concourir, avec les créanciers lésés du débiteur, sur le prix du bien aliéné. Cette objection tombe quand on se rappelle que l'action paulienne se donne contre tous ceux qui sont complices, de près ou de loin, de l'acte frauduleux, ou seulement qui ont pu y trouver l'occasion d'un gain injuste. Or, il y aurait gain injuste de la part des créanciers de l'acquéreur insolvable, s'ils se faisaient payer sur le prix d'un bien qu'ils savent n'être entré dans le patrimoine de leur débiteur que par suite d'une fraude préjudiciable à d'autres créanciers. Ils ne peuvent donc paralyser les effets d'une action qui retomberait sur eux-mêmes.

86. Il me reste encore à examiner une dernière question, celle de savoir, si le défendeur à l'action paulienne, qui a succombé, a son recours contre le débiteur devenu, plus tard, solvable. L'affirmative me paraît certaine ; elle découle invinciblement des principes que j'ai admis précédemment, et ce n'est encore que par suite d'idées inexactes sur la nature de notre action, que la plupart des auteurs ont refusé le recours. Ils ont oublié que l'action paulienne, fondée sur une obligation, basée sur un droit personnel, ne devait, en général, produire que des effets relatifs ; que le défendeur, poursuivi par les créanciers du débiteur de mauvaise foi et obligé de les indemniser, paye véritablement la dette d'autrui et doit, par conséquent, avoir, comme toute autre personne, une action pour se faire restituer, à moins qu'une règle spéciale de droit ne fasse obstacle à la restitution.

FIN.

TABLE DES MATIÈRES.